**다시 그리는
한국프로야구사**

다시 그리는
한국프로야구사

초판 1쇄 발행 2021년 9월 15일
초판 2쇄 발행 2024년 7월 17일

지은이 박성환
펴낸이 황남희
책임편집 손선일, 황부농

펴낸곳 이후진프레스
출판등록 2018년 1월 9일(제25100-2018-000002호)
이메일 2huzine@gmail.com
인스타그램 @now_afterbooks

ISBN 979-11-91485-01-1 (07690)
값 20,800원

이후진프레스는 독립책방 이후북스의 출판 브랜드입니다.

이 만화는 2020년 5월~2021년 2월까지
오마이뉴스, 네이버스포츠, 다음스포츠에 연재되었습니다.

다시 그리는
한국프로야구사

프레스

여는 글

공을 다루는 거의 모든 단체 스포츠는 양쪽 각자의 진지를 구축한 후 수비하여 상대편 진지에 타격을 가하면 승리합니다. 축구, 농구, 배구, 하키, 핸드볼, 럭비, 수구 등등...

야구는 집(home)으로 되돌아오면 이기는 스포츠입니다. 도대체 어떻게 이런 기발하고 복잡한 스포츠가 만들어졌는지 아직도 가끔 감탄하곤 합니다.

꼬맹이 시절 봤던 윤승운 선생님(≪맹꽁이 서당≫, ≪요철발명왕≫)과 박수동 선생님(≪고인돌≫, ≪번데기 야구단≫)의 만화는 제 마음의 고향과도 같습니다. 이 야구 만화 곳곳에는 두 선생님을 오마주하는 장면이 숨어 있습니다. 중장년 팬들은 이 만화를 보며 추억을 발견하는 재미도 있을 것입니다.

   등대처럼 길을 안내해주신 많은 선배작가님과 야구에 대한 애정으로 이 책을 선택해주신 독자님들께 감사드립니다.

작가 박성환

매일 저녁 6시 30분부터
야구가 시작되기에
난 6시부터 행복해져~

목차

○ 1982년 ············ 008
○ 1983년 ············ 020
○ 1984년 ············ 033
○ 1985년 ············ 046
○ 1986년 ············ 058
○ 1987년 ············ 069
○ 1988년 ············ 080
○ 1989년 ············ 091
○ 1990년 ············ 101

○ 1991년 ············ 112
○ 1992년 ············ 123
○ 1993년 ············ 134
○ 1994년 ············ 145
○ 1995년 ············ 156
○ 1996년 ············ 167
○ 1997년 ············ 178
○ 1998년 ············ 189
○ 1999년 ············ 200
○ 2000년 ············ 211

이제부터 우리는
위대한 도전에 나섭니다!

2009 WBC
김인식 감독

그저 1루까지 열심히 뛰었던
선수로 기억되고 싶다.
난 지금까지 야구를 하면서
한 번도 경기에서 1루까지 간 적이 없다.

삼성 라이온즈
양준혁

○ 2001년·············222

○ 2002년·············233

○ 2003년·············244

○ 2004년·············255

○ 2005년·············266

○ 2006년·············277

○ 2007년·············288

○ 2008년·············299

○ 2009년·············310

○ 2010년·············321

○ 2011년·············332

○ 2012년·············343

○ 2013년·············355

○ 2014년·············366

○ 2015년·············377

○ 2016년·············389

○ 2017년·············400

○ 2018년·············411

○ 2019년·············423

○ 2020년·············435

다시 그리는
한국프로야구사

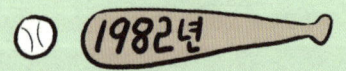

1982년 3월 27일 동대문야구장.
역사적인 한국프로야구의 개막전이 열렸다.

발 디딜 틈 없이 관중석을 가득 메운 야구팬 앞에서 6개구단의 선수들이 모였고, 선수대표 윤동균의 선서가 이어졌다.

이어 MBC 청룡 VS 삼성 라이온즈의 대결로
프로야구의 첫 페이지가 쓰였다.

한국프로야구의 원년은 만루홈런으로 시작해서
만루홈런으로 끝났다.

개막전에서는 MBC 청룡의 이종도가 연장 10회말 끝내기 만루홈런을 때렸고.

한국시리즈에서는 OB 베어스의 김유동이 6차전 9회초 우승을 결정짓는 만루홈런을 날렸다.

공교롭게도 두 번 모두 삼성 라이온즈의 에이스 이선희가 희생양이었다. 그가 피칭 후에 불펜에 주저앉아 울던 모습은 보는 이를 안타깝게 했다.

프로야구 원년 최고 스타는 누가 뭐라 해도 OB 베어스의 투수 박철순!

미국 마이너리그에서 경험을 쌓았고 강력한 속구 및 변화구를 구사한 그는,

22연승이라는 대기록과 함께 24승 4패 7세이브, 평균자책점 1.84라는 성적을 거두며 팀을 초대 챔피언으로 이끌었다.

프로야구 원년을 지배했지만 이후 반복되는 부상으로 길고 긴 어둠의 늪으로 빠져든 박철순.

그러나 기적같은 재기를 거듭하며 불사조라는 칭호를 얻게 된다.

투수에 박철순이 있다면 타자는 백인천이 있었다. 처음이자 마지막 4할타자인 그는 MBC 청룡의 감독 겸 선수라는 독특한 이력을 가지고 있다.

그가 안타를 치고 나가 베이스 위에서 타자를 향해 사인을 내던 모습은 색다른 재미를 주었다.

18년의 일본프로야구 생활을 마치고 고국으로 돌아와 4할 1푼 2리라는 불멸의 기록을 세웠다.

또 하나의 경이적인 발자취를 남긴 선수가 있었으니 해태 타이거즈의 김성한이다.

투수와 타자를 겸해 10승과 타점왕을 동시에 차지 했으니 한국야구에서 다시 나오기 힘든 진기록이다.

빛이 있으면 어둠이 있는 법. 팀명과는 달리 스타 한 명 없었던 삼미 슈퍼스타즈는 꼴찌팀의 대명사가 되었다.

특정팀 상대 전패(대 OB 베어스 16전 전패)와 0.188라는 승률은 인천야구의 암흑기 예고편이었다.

아이러니하게도 이런 전설(?)적인 역사가 야구팬에게 어필하며 훗날 여러 작품의 소재가 됐다.

박민규 소설
2003년

김종현 영화
2004년

프로야구 원년 최고의 팀이었던 OB 베어스는 최초로
어린이 회원을 도입하여 폭발적인 호응을 얻었다.

희비 5천원을 내면 야구모자와 점퍼를 입고 친구들에게
야구선수가 된듯 폼을 잡을 수 있었다.

한국프로야구는 그렇게 '어린이에게 꿈과 희망을~'이라는
슬로건을 걸고 태동했다.

다시 그리는
한국프로야구사

야구역사에서 다시는 깨지지 않을 기록 30승을 올린 삼미 슈퍼스타즈 투수 장명부.

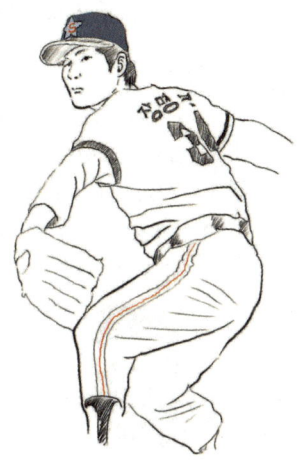

재일동포로서 일본프로야구에서도 에이스로 활약했던 그는 당시로서는 어마어마한 금액인 1억 원(+α)을 받고 아버지의 나라 한국에 발을 디뎠다.

30승보다 더 경악할 기록은 427.1 이닝 투구다.
36경기 완투는 덤이다.
야구의 상식, 인간의 한계를 훌쩍 넘어 버렸다.

| 역대 단일시즌 최다 이닝 순위 |

장명부(삼미)
1983년
427.1 이닝

최동원(롯데)
1984년
284.2 이닝

김시진(삼성)
1985년
269.2 이닝

묵직한 속구와 다양한 변화구, 컴퓨터같은 제구력 등
모든 게 일품이었지만 무엇보다도 속을 알 수 없는
너구리같은 노련한 경기운영이 돋보였다.

다음 공은 커브 던질게.

저래놓고 직구 던지겠지?
아냐. 진짜 커브일까?

위협구를 이용한 타자요리법, 3루주자를 견제하는 척 하다가 (방심한) 1루주자를 잡아버리는 페이크 견제 등 한국야구에서 볼 수 없었던 다양한 노하우를 펼쳤다.

위협구 던져놓고 사과는커녕 실실 웃으며 타자를 농락했죠.

한국야구계를 평정했지만 이후 구단과의 연봉마찰, 무리한 연투 후유증, 문제 많은 사생활 등이 겹치며 몰락의 길을 걸었다.

마약, 도박, 룸살롱... 한국에서 번 거액을 다 날리고

일본으로 돌아가려 했을 때는 세금체납으로 공항에서 붙잡히는 신세.

삼성 라이온즈에 입단해서 '안타 제조기'라는 별명을
얻으며 통산 타율 1위(0.331)에 우뚝 서 있는 장효조.

'거꾸로 방망이를 잡아도 3할을 친다'고 불린 양준혁과
'타격머신' 김현수의 큰형님 뻘 되겠다.

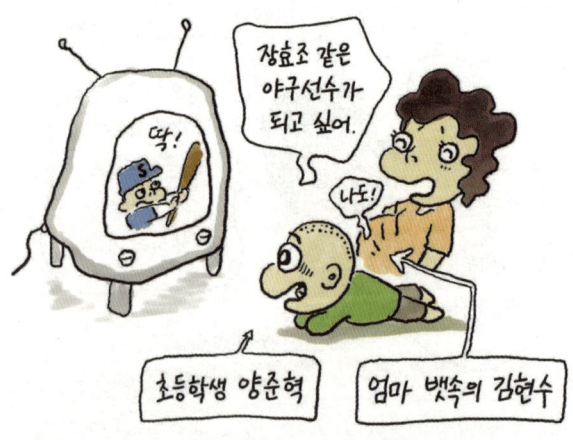

특히 뛰어난 선구안을 발휘했다.
'장효조가 치지 않는 공은 볼'이라는 농담이 떠돌았다.

타율 1위, 출루율 1위, 홈런과 타점 3위, 도루 4위라는 MVP급 활약을 펼쳤지만 '너무 신인같지 않아서 참신성이 떨어진다'라는 이유로 신인왕을 놓쳤다.

공격, 수비, 주루 및 야구센스를 모두 갖춘 선수를 흔히 야구천재라고 하는데, 김재박은 프로야구사에서 첫 번째 페이지에 기록할 만한 선수다.

유격수 계보로 류중일, 이종범, 박진만, 강정호가 내 뒤를 이었죠.

1982년 세계야구선수권대회에서 김재박이 보여준 개구리번트는 한국야구사의 명장면이다.

사실은 스퀴즈 아닌데 나의 사인미스!

폴짝

이 번트로 동점이 되고 결국 일본을 꺾고 우승!

은퇴 후에 현대 유니콘스 감독으로 4회 우승을 이루는 등 지도자로서도 업적을 이루었다.

일본프로야구에서 활약했던 재일동포 선수들이 1983년부터 한국에 진출하기 시작했다.

장명부(삼미), 최일언(OB), 김일융(삼성), 홍문종(롯데), 주동식(해태), 고원부(빙그레) 등 많은 선수가 일본에서 갈고 닦은 노하우를 한국야구에 전파했다.

그러나 그들은 '우리 고향은 현해탄'이라고 자조했다. 한국과 일본, 어느 곳에도 뿌리 내리기 힘든 존재였다.

재일동포. 한국 현대사의 아픔이 야구계에서도 재현되었다.

야구는 기록의 스포츠다. 조선시대 왕의 역사를 남긴 사관처럼 야구계에는 KBO 기록위원들이 있다.

지금은 컴퓨터와 인터넷을 이용해 편리하게 기록작업을 하고 있지만 프로야구 초창기에는 어땠을까?

야구장의 기록원들은 경기가 끝나면 KBO 사무실로 전화를 했다. 팩스조차 귀한 시절이라서 전화로 경기상황을 일일이 전달하고 KBO 사무실에서 기록을 정리했다.

평균 연봉 1억이 넘고 수십 억의 FA계약이 이루어지는 지금과는 달리 80년대에는 '연봉 25% 상한선'이라는 제도가 있었다.

선수들의 불만은 극에 달했고, 각 구단들은 보너스와 연봉이면계약서를 통해 달랬다. 그런 혜택(?)조차 받지 못하고 불합리한 현실에 억울한 선수가 많았다.

야구선수들의 고액연봉이 사회적 위화감을 조성한다는 이유로 독재정권이 강제한 일이었다.

다시 그리는
한국프로야구사

1984년

"신사도를 아는 중후함을 팀 이미지로 부각시키고~"라는
슬로건을 내걸고, 최고의 스타들을 모아서 창단한
삼성 라이온즈.

전기리그 우승을 차지한 삼성은 (한국시리즈에서 만날)
후기리그 우승팀을 기다리고 있었다.

㉔ 여기서 잠깐!

한국프로야구는 6개 팀으로 창단해서 초기에는 전기리그와 후기리그로 나눠 우승팀끼리 한국시리즈를 치렀다.

위협적인 OB보다는 만만한 롯데를 한국시리즈 파트너로 원했던 삼성은 '져주기 게임'이라는 초대형 스캔들을 일으켰다.

그러나 정작 한국시리즈에서는 롯데에게 3승 4패로
패하며 제 꾀에 제가 넘어가는 웃음거리가 되었다.

한국 최고의 투수는 누구일까.
대부분 선동열, 박찬호, 류현진 등을 떠올리겠지만
프로야구사 첫 줄에는 최동원이 자리할 것이다.

아마추어 시절 메이저리그에서도 눈독을 들였지만 병역문제로 좌절되었고, 프로 입단 첫해에는 9승에 그치는 아쉬운 성적을 올렸다.

절치부심한 1984년 27승과 223탈삼진. 활약을 펼쳤다.

전설로 남을 그해의 한국시리즈에서는 철인적인 완투를 거듭하며 전무후무한 한국시리즈 4승투수가 되었다.

그를 최고의 투수로 기억하는 건 팀을 위해, 야구를 위해 마운드 위에서 자신의 모든 것을 불태웠던 열정과 투지때문일 것이다.

고인이 된 그를 기리기 위해 야구계에서는 '최동원상'을 만들어 매해 최고의 투수를 선정하고 있다.

1회 수상자 기아 타이거즈 양현종

야구의 꽃 홈런!
장종훈, 이승엽, 박병호는 홈런왕의 아이콘이다.
그들 앞에서 먼저 발자취를 남긴 선수 이만수.

한국프로야구 1호 안타, 1호 타점, 1호 홈런에 이어 최초로 3년 연속 (1983~85) 홈런왕에 올랐다.

그는 유독 파이팅이 넘쳤다. 수비 시에는 괴성을 지르며 동료들을 독려했고, 홈런을 치면 고릴라같은 큰 액션으로 그라운드를 돌았다.

"내 몸에는 파란 피가 흐른다"라고 공언했지만 삼성으로부터 토사구팽당하며 쓸쓸히 은퇴했다.

투수의 최고영광인 퍼펙트게임은 아직 한국에서는 나오지 않았고, 노히트노런은 14번이 있었다.

첫 스타트는 1984년 5월 5일 해태 타이거즈의 방수원이 끊었다.

사사구를 하나도 내주지 않아 사실상 퍼펙트에 근접했던 두 선수가 있었다.

국내 투수의 마지막 노히트노런은 2000년 송진우가 기록했으며, 이후 20여 년간 나온 4번의 기록은 모두 외국인 투수가 거뒀다.

최동원과 선동열 처럼 야구해설계에도 운명의 라이벌이 있었는데, 누구나 떠올릴 이름인 허구연과 하일성이다.

30년 이상 입담대결을 펼친 둘은 해설스타일도 사뭇 달랐다.

허구연은 청보 핀토스의 감독으로, 하일성은 KBO 사무총장으로 잠시 외도(?)도 했지만 그들의 자리는 늘 마이크 앞이었다.

야구팬들의 평가는 호불호가 갈리기도 하지만 프로야구 TV 중계 역사에서 그들의 목소리는 영원히 울림을 줄 것이다.

다시 그리는
한국프로야구사

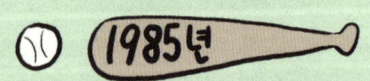

매해 우승후보였지만 모든 이의 예상을 깨뜨리며 우승 문턱에서 넘어진 삼성 라이온즈.

한국시리즈의 악몽을 되풀이하지 않으려는 듯 1985년에는 아예 전기·후기리고 우승을 휩쓸며 포스트시즌 없이 통합우승을 해버렸다.

역대 1위인 0.706 승률을 올렸고, 개인 타이틀도 대부분 삼성 선수들이 차지했다.

그러나 한국시리즈가 무산되자 야구팬들은 허탈함 속에 가을을 보내야 했고,

1989년 (현재와 같은) 단일리그가 만들어지기까지 KBO는 포스트시즌 제도의 시행착오를 되풀이해야 했다.

도깨비팀이라고 불렸던 삼미 슈퍼스타즈는 장명부를 앞세운 1983년만 반짝했을 뿐, 꼴찌 팀의 낙인을 벗지 못했다.

4월 30일 드디어 연패에서 벗어나 선수와 팬들은 한국시리즈 우승이라도 한 듯 기뻐했으나, 다음 날 그들을 기다리고 있던 소식은…

구단주의 열정은 넘쳤지만 침울한 팀성적과 함께 모기업의 경영난이 겹쳐 후기리그부터는 '청보 핀토스'의 유니폼을 입게 되었다.

이즈음 대전·충청도 야구팬들은 날벼락을 맞는다.
OB 베어스가 연고지를 이전하며 하루아침에 서울 팀으로 바뀐 것이다.

프로야구 출범 전부터 정해진 일이었다고 KBO와 OB구단은 정당성을 주장했지만, 아무것도 몰랐던 팬들은 배신감을 느끼며 울어야 했다.

이같은 참사는 훗날 현대 유니콘스에 의해 재현된다.

OB 베어스의 연고지 이전은 프로야구 출범 당시부터 정해져 있었습니다. 현대 유니콘스와는 상황이 다르죠. 그러나 흥행을 염려한 이들은 이 사실을 쉬쉬했고 대전의 야구팬, 특히 어린이들은 큰 상처를 받았습니다. 저와 제 친구들이 당사자입니다.

OB 베어스가 연고지를 이전하면서 서울의 아마추어선수들을 놓고 MBC 청룡과 치열한 경쟁을 벌이게 된다.

누가 먼저 최고의 신인을 지명하는가를 두고 양 구단 스카우트 팀은 동전 던지기까지 하며 피 튀기는 승부를 펼쳤다.

그런데 대부분 MBC가 이겼고, 난관에 빠진 OB 스카우트팀은 합숙훈련까지 하며 노력을 기울였지만 허사였다.

이같은 라이벌 열전은 현재 두산과 LG의 이름으로 이어지며 두 팀은 야구장 안팎에서 경쟁하고 있다.

야구팬들은 언제 어디서나 케이블 TV와 인터넷을 통해 모든 경기를 골라볼 수 있다.

프로야구 초창기에는 공중파 TV에서 몇 경기만 골라서 중계했는데, 자신의 응원팀 경기만 시청한다는 건 애시당초 불가능했다.

게다가 경기의 클라이맥스를 향하는 7~8회쯤 되면...

경기 결과가 어떻게 됐을까 하고 가슴 졸이며 스포츠 뉴스를 기다리던 모습도 이젠 아련한 추억이 되었다.

다시 그리는
한국프로야구사

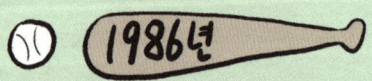

1986년

OB 베어스가 연고지를 이전하며 무주공산이 된 대전·충청지역에는 한국화약그룹의 프로야구 제7구단 '빙그레 이글스'가 들어선다.

80년대 한국사회를 강타한 만화가 있었으니, 이현세의 '공포의 외인구단'.

이 만화에 깊은 감명을 받은 초대 배성서 감독은 (리그에 공식 참여하기 전에) 선수들을 이끌고 부산 다대포에서 지옥훈련을 했다.

1986년 3월 8일 대전구장에서 열린 창단식과 시내 중심가에서의 카 퍼레이드 및 불꽃놀이까지 곁들이며 새로운 팀의 출발을 알렸다.

창단 첫해는 신인선수와 타 팀에서 방출된 선수들만으로 구성된 신생팀의 한계 속에서 최하위를 기록했지만,

국보 투수, 무등산 폭격기, 나고야의 태양...
수많은 닉네임을 낳으며 한국야구 역사에서 가장 뛰어난 투수로 인정받는 선동열.

그가 남긴 전설적인 기록들을 살펴보자.

또 다른 전설 최동원과 벌인 3번의 맞대결.
특히 연장 15회까지 (각각 200개 이상을 던지며)
끝장승부를 펼친 경기는 다시 나오지 않을 명장면이다.

한국프로야구를 평정한 이후 일본 주니치 드래곤즈에서 마무리투수를 맡으며 팀의 수호신으로 활약했다.

은퇴 후에는 삼성 라이온즈의 코치와 감독을 역임하며 2000년대 삼성 왕조를 세우는 데 기여했다.

선동열을 앞세우고 명장 김응룡 감독이 뒤에서 버틴 해태 타이거즈는 강력한 왕조를 구축한다.

금맥을 캔 듯 끝없이 발굴되는 호남지역의 우수한 야구 자원. 군대를 방불케 하는 규율과 단합력이 합쳐진 경기력은 타 팀들을 공포에 떨게 했다.

86년~97년까지 8번 우승!

저 빨간 유니폼만 봐도 치가 떨린다.

삼성, 빙그레 각각 3차례 해태에게 패하며 준우승.

또한 짠돌이 구단으로 유명했던 해태그룹의 야구단 운영이
묘한 앙상블을 이루며 한국시리즈에 오를 때마다 우승했다.

1986년 해태와 삼성이 만난 한국시리즈.
3차전 대구구장에서 일어난 해태선수단버스 방화사건은
야구역사상 최악의 관중 난동이었다.

광주구장에서 펼쳐진 1차전에서 해태팬이 삼성투수에게 소주병을 던져서 부상을 입혔고, 투수운영이 망가진 삼성이 패배한 것이 발단이었다.

대구 경기에서도 삼성이 패하자 팬들은 집단패닉에 빠졌고 결국 걷잡을 수 없는 혼란이 일어났다.

음주와 욕설, 쓰레기 투척과 구장 난입이 빈번했던
야구장의 결정판이었다.

'세상에서 가장 큰 노래방'
부산의 사직야구장이 1986년 개장한다.

야구도시 부산의 성지답게 해마다 수많은 관중이 모였고 1986년 4월 20일 열린 롯데-해태와의 경기에서 36,152명의 역대 최다관중 기록을 세웠다.

정원이 3만 명인데...

계단과 통로까지 꽉 찼네!

(이제는 추억이 된) 비닐봉지를 뒤집어쓰고 신문지를 흔들며 부산갈매기를 부르던 롯데 자이언츠의 팬은 열정적인 응원으로 명성을 떨쳤다.

그러나 우승한 지 어언 30년!

한국의 시카고 컵스가 되려는 건가!

다시 그리는
한국프로야구사

1987년

압도적인 전력으로 또다시 전기·후기리그 통합우승을 차지한 삼성 라이온즈. 그러나 해태 타이거즈와 만난 한국시리즈에서 4연패로 허무하게 우승을 내준다.

우승 후에 해태 김응룡 감독이 전한 뒷이야기는 삼성을 더욱 비참하게 만들었다.

모기업의 경영난으로 은행관리에 들어간 청보 핀토스는
어수선하게 시즌을 치룬다.

반년 여의 협상 끝에 연말 태평양화학에 매각된다.
이로써 인천지역 3번째 야구단이 탄생한다.

팀 인수 후 '아모레 쾌남'과 '태평양 아모레'라는 팀명을 공개했다가 여론의 뭇매를 맞고, 시민공모를 거쳐서 '태평양 돌핀스'라는 팀명으로 확정한다.

1987년 4월 5일 MBC 청룡의 김인식이 최초로 500경기 연속출장 기록을 세운다.

그는 매년 2할대의 타율을 기록한 평범한 내야수였지만 원조 '악바리'로 명성이 자자했다.

그 외에도 주루와 수비에서 보여준 그의 투지는 냉혹한 프로 세계에서 평범한 선수가 어떻게 살아남아야 하는가를 증명해 주었다.

1987년 '악바리'라고 불린 또 하나의 선수 이정훈이 등장해서 신인왕을 거머쥔다.

원래는 연고지 삼성 라이온즈에 입단해야 했으나 당시 대구지역의 최고 신인 류중일-강기웅-장태수에 밀려 지명을 받지 못했고 빙그레 이글스의 품에 안겼다.

'제 2의 장효조'로 각광 받았으나 악바리 근성이 지나쳐 부상이 잦았고, 결국 짧은 전성기로 아쉬움을 남겼다.

한국의 겨울은 매우 추워서 프로야구단은 비시즌에 따뜻한 해외로 전지훈련을 떠난다.

그러나 프로야구 초창기에는 열악한 재정때문에 국내에서
훈련을 소화하는 팀도 많았다. 심지어는 '외화 절약'이라는
명분하에 정부에서 해외전지훈련을 전면금지하기도 했다.

그런 탓에 그나마 따뜻한 제주도의 유일한 야구장에
여러 팀이 몰리기도 했다. 시간제로 돌아가며 훈련하는
(지금으로서는) 상상할 수 없는 풍경이 펼쳐졌다.

예민하고 섬세한 스포츠인 야구는 다양한 징크스를 가진 감독과 선수들이 많다.

초창기에는 머리와 손톱을 기르거나

속옷, 양말을 갈아 입지 않고 목욕을 안 하는 등 지저분한 징크스가 대세!

딸이 아침에 접시를 깨면 홈런을 친다!

팬티와 러닝셔츠를 뒤집어 입어야 집중이 잘 된다!

김봉연

이만수

양식 매니아지만 시즌에 들어가면 아침에 곰국을 먹어야 해!

아들이 내 뺨을 때려줘야 배팅감각이 좋아진다!

김재박

서정환

매일 살얼음판을 걷는 승부의 세계 속에서 우연히 찾아온 행운이나 불운을 영원한 '징크스'로 못박고 이에 의지하는 경우가 많다.

미국야구장에는 '핫도그', 일본야구장에는 '도시락', 한국야구장에는 '치맥'이 있다.

공식적으로 주류반입이 허용되지 않았기에 갖가지 아이디어가 속출했다.

한적한 외야석에서 휴대용 버너로 삼겹살을 굽는가 하면, 홈팀이 지고 있으면 술에 취한 아저씨가 그물망을 타고 올라가 고래고래 소리를 지르곤 했다.

야구장에서 소주 한 잔에 시름을 달래는 것 말고는 달리 할 것이 없던 시절의 아련한 풍경이었다.

다시 그리는
한국프로야구사

1988년

해태 타이거즈의 우승 행진은 이어진다.
다만 파트너가 바뀌었을 뿐.

'통곡의 벽' 선동열을 보유한 해태는 한국시리즈마다 '가을의 남자'까지 나타나며 손쉽게 우승을 거머쥔다.

1988년 가을 삼성-롯데의 초대형 트레이드가 이루어졌다. 팀의 간판선수들을 맞바꾼 것이다.

양 구단은 전력 강화라는 명분을 내세웠지만 이면에는 선수협의회 파동이 있었다.

연초부터 선수협의회 필요성을 거론했던 최동원은 9월 대전에서 7개구단 소속선수들과 모여 '프로야구 선수협의회'를 발족한다.

그러나 각 구단은 사실상 선수들의 생명을 끊어버리는 강경한 대응을 취했고, 결국 선수협의회는 10월에 와해되었다.

구단들은 이에 그치지 않고 재발방지를 위해 본보기를 삼는다면서 선수협의회 주동선수들을 트레이드 했던 것이다.

좌초되었던 선수협의회는 2000년대 들어서 선수협회라는 이름으로 다시 깃발을 들게 된다.

1988년 8월 14일 배팅볼투수 출신인 무명의 투수가 프로 데뷔 첫 승리를 거둔다.

트럭 운전과 막노동을 하던 그는 야구의 꿈을 잊지 못해 연습생으로 입단, 배팅볼투수를 하며 제구를 익혔고 마침내 빙그레 이글스의 레전드투수가 된다.

은퇴 후에는 코치생활을 거친 뒤 2018년 자신의 청춘을 바친 이글스의 감독이 된다.

1988년 4월 19일 이만수는 1이닝에 홈런 2방을 치는 신기원을 연다.

이후 30여 년간 7명의 타자가 진기록을 더하게 된다.

정구선(롯데/1988) 이순철(해태/1989) 김상훈(LG/1992)
펨버튼(KIA/2002) 브룸바(히어로즈/2008)
이용규(KIA/2010) 안치홍(KIA/2018)

여담이지만 메이저리그 LA 다저스에서 뛰던 박찬호는 1999년 한 이닝에서 같은 타자에게 2개의 만루홈런을 맞는 세계야구사 유일무이한 기록을 남긴다.

MLB닷컴의 분석에 의하면 1200만분의 1 확률로 일어날 희귀한 기록.

홈런을 쳤던 타자의 헬멧은 명예의 전당에 보관.

도루는 야구에 긴장감을 불어넣는 중요한 요소다.
기억해야 할 도루왕계보 첫줄에 김일권이 있다.

통산 도루는 전준호>이종범>이대형>정수근>김주찬 이지만
야구팬들에게 처음으로 도루의 가치를 알려준 선수였다.

통산 도루 1위는 549개를 기록한 전준호.
한 시즌 최다 도루는 84개를 기록한 이종범.

90년대 중반 둘의 도루 대결은 흡사 메시와 호날두의 모습과 비슷합니다.

한 경기에서 3도루를 해 기쁨의 인터뷰를 하노라면 경쟁자가 4도루를 했다는 소식이 들려오곤 했죠.

프로야구 최초의 스폰서는 중장년팬이라면 고개를 끄덕거릴 '파랑새 존'이다.

외야 펜스에 설치된 광고판.

여기를 넘기는 홈런을 치거나 광고판을 맞추면 상금을 준답니다.

1982년부터 1989년까지 운영되어 많은 타자가 부수입을 얻었다.

이후에도 전국의 야구장에서 비슷한 이벤트가 이어졌고 현재는 광주-기아 챔피언스 필드의 홈런존이 유명하다.

다시 그리는
한국프로야구사

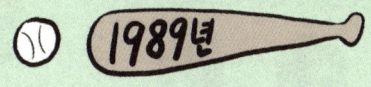
1989년

2년 연속 해태와 한국시리즈에서 만난 빙그레 이글스는
1차전에서 선동열을 무너뜨리며 승리했다.

한국시리즈 4연패와 함께 통산 5번째 우승을 거둔
해태 타이거즈는 프로야구 첫 번째 왕조를 세운다.

늘 꼴찌를 도맡아 하던 인천야구에도 햇빛이 비친다.
태평양 돌핀스가 인천팀 최초로 포스트시즌에 진출한 것이다.

돌풍의 핵심에는 김성근 감독이 있었다.
약팀을 강팀으로 만드는 그의 전매특허가 시작된다.

그가 태평양 돌핀스 부임 후에 시행한 '오대산 극기훈련'은 다른 팀들에게도 유행처럼 번져 나갔다.

1989년 10월 2일 삼성 라이온즈 투수 권영호가 최초로 통산 100세이브를 달성한다.

오늘날과 같은 9회전문마무리투수는 90년대 초 이광환 감독에 의해 정착한다.

통산 세이브 TOP 5에는 한 시대를 풍미한 전설적인 마무리투수들이 서 있다.

1989년부터 전기·후기리그제도가 폐지되고 현재와 같은 단일리그가 시작된다.

그러나 와일드카드 결정전(2015년 신설) → 준플레이오프 → 플레이오프 → 한국시리즈로 이어지는 단일리그 포스트시즌도 계속 문제점이 지적되고 있다.

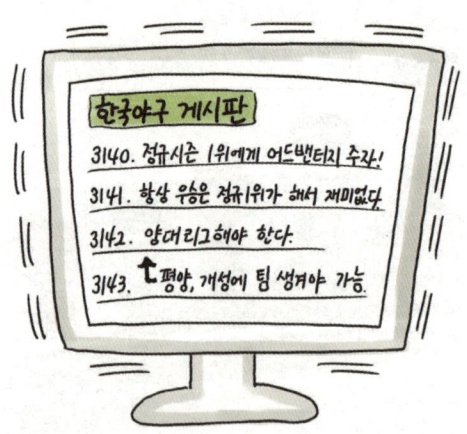

현재 프로야구를 즐기는 주요 국가들의 시스템.

대한민국 (10팀)
단일리그

미국 (30팀)
양대리그

일본 (12팀)
양대리그

대만 (5팀)
전기·후기리그

1989년 4월 8일 광주구장에서 영화배우 강수연이 시구를 하며 센세이션을 일으켰다.

국제영화제에서 수상을 했던 20세기 최고의 여배우.

씨발이, 아세아세 바라아세, 경마장 가는 길, 그대안의 블루
...

그전에는 국회의원과 시장같은 사람들이 시구를 독차지 했다.

강수연 이후 많은 연예인이 화려한 치장을 하고 엉성한 시구를 했으나, 2005년 배우 홍수아가 '개념시구'를 선보이며 시구의 새 지평을 열었다.

한국프로야구는 독특하고 떠들썩한 응원문화로 유명하며, 응원문화는 새로운 팬층 확대에도 기여하고 있다.

각 팀마다, 각 선수마다 응원가가 존재해서 프로야구 경기를 진행하는 내내 관중의 응원소리로 지루할 틈이 없다.

팀과 시대를 초월해 사랑받은 야구장의 4대 명곡은 이렇지 않을까.

다시 그리는
한국프로야구사

1990년

프로야구 창설을 주도했던 MBC 청룡이 럭키금성그룹에 매각되어 LG 트윈스로 재출발한다.

시즌 초반 하위권을 맴돌던 LG는 야금야금 순위를 올리며 결국 최종전에서 극적인 1위에 올랐다.

삼성 라이온즈와 만난 한국시리즈에서는 4전 전승으로 서울팀 최초의 우승을 차지한다.

LG 트윈스의 우승은 프로야구의 기존 우승공식을 바꾸었다는 데 의미가 있다.

백인천 감독의 '혼의 야구'와 선수들의 단합이 어우러져
이뤄낸 새로운 우승방정식이었다.

1990년 전라북도 전주를 연고로 하는 제8구단 '쌍방울
레이더스'가 창단한다.

창단 전에는 해태 타이거즈와 호남야구팬들의 격렬한 반발이 있었다.

많은 우여곡절을 겪었지만 2군리그에서 우승을 하며 이듬해 정규시즌에서의 돌풍을 예고했다.

최동원과 선동열이 양분했던 강속구투수의 계보에 '슈퍼베이비' 박동희가 등장한다.

1990년 4월 11일 삼성전에서 6연속 탈삼진. 155km라는 당시 한국신기록을 세우며 화려하게 데뷔.

광속구를 뿌렸던 역대 한국인투수들을 살펴보자.
(스피드는 측정기계에 따라 미세하게 달라서 정답은 없다.)

1990년 7월 25일 '최고의 패전처리투수' 송유석이 시즌 첫승을 올린다.

그는 시도 때도 없이 마운드로 불려 나가서 '마당쇠'라는 별명을 얻었다.

'마당쇠'의 후예들은 오늘날에도 하루하루가 고달프다.

시즌이 한창이던 5월에 빙그레 이글스는 '사인 훔치기' 스캔들에 휘말린다.

사인 훔치기는 여러 방법이 있고 야구계의 공공연한 비밀이지만 그렇게 이슈화 되기는 처음이었다.

1990년 6월 5일 삼성-OB 경기에서 최악의 벤치 클리어링이 일어난다.

양 팀 선수들이 우루루 달려 나와 5분간의 난투극 끝에 선수의 얼굴이 찢어지고, 말리던 심판은 갈비뼈가 부러지는 중상을 입었다.

연례행사로 끊임없이 벌어지는 벤치클리어링.
지켜보는 야구팬들의 마음은 복잡미묘하다.

다시 그리는
한국프로야구사

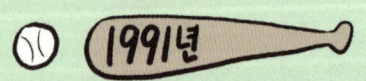

시즌 내내 선두를 지키며 독주한 해태 타이거즈가 한국시리즈에 직행하고, 플레이오프를 치르고 올라온 빙그레 이글스와 3번째 맞대결을 벌인다.

치열한 승부가 될 거라는 많은 이의 예상을 깨고 해태가 4연승으로 싱겁게 우승을 차지한다.

1991년 4월 5일 제 8구단 쌍방울 레이더스의 역사적인 첫 경기가 열린다.

꼴찌를 할 거라는 예측과는 달리 선전을 펼치고 0.425라는 높은(?) 승률로 6위에 오른다.

신인듀오 투수 조규제와 타자 김기태가 혜성같이
나타나서 활약한 도움이 컸다.

조규제
9승 7패 27세이브
(세이브 왕 /
신인왕)

김기태
27홈런, 92타점
(신인 최다홈런 신기록 /
좌타자 시즌 최다홈런 신기록)

1991년 가을 한일슈퍼게임이 열린다.

프로선수들의 대결은
사상 처음!

양국의
올스타들이 모여서
한판 승부!

11월 2일 도쿄돔에서의 경기를 시작으로 일본의 주요 도시를 돌며 총 6번의 대결을 가졌다.

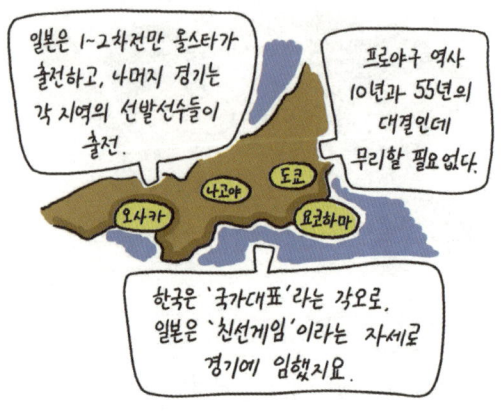

양국의 올스타가 총출동한 1차전.
박동희와 구와다가 선발로 맞선 초반은 팽팽했으나,

2~3차전도 무력하게 패했으나, 일본이 방심한 사이 4~5차전에서는 대승을 거둔다.

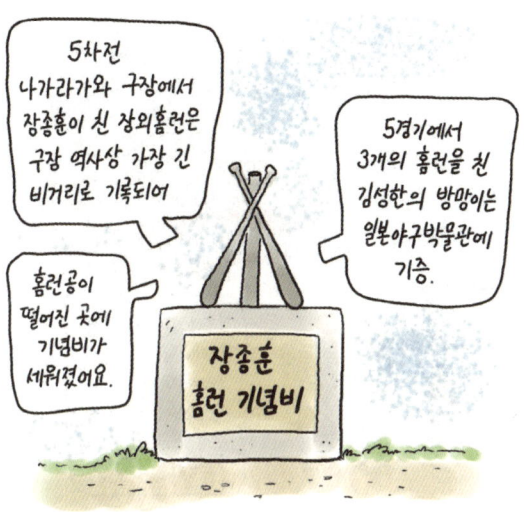

5차전 나가라가와 구장에서 장종훈이 친 장외홈런은 구장 역사상 가장 긴 비거리로 기록되어

5경기에서 3개의 홈런을 친 김성한의 방망이는 일본야구박물관에 기증.

홈런공이 떨어진 곳에 기념비가 세워졌어요.

장종훈 홈런 기념비

전열을 가다듬은 일본과의 6차전은 살얼음판을 걷는 듯한 승부 끝에 아쉽게 1:2 패배.

종합 전적 2승 4패로 나름 선전했지만

실제로는 일본 에이스가 빠진 경기만 승리한 거죠.

	1차전	2차전	3차전	4차전	5차전	6차전
한국	3	2	2	7	8	1
일본	8	8	5	1	0	2

그동안 '우물 안 개구리'였던 한국프로야구의 현실을 깨닫고 다각도로 발전을 모색하게 된 계기가 되었다.

8구단 체제가 되면서 정식으로 2군리그도 창설된다.

(현재는 '퓨처스리그')

"1군이 스테이크를 썰고 있을 때 2군은 설렁탕을 먹는다."라는 우스갯소리처럼 예나 지금이나 2군선수들은 서럽다.

내일의 장종훈과 김현수를 꿈꾸는 그들은 무시보다 무관심이 더 힘들다.

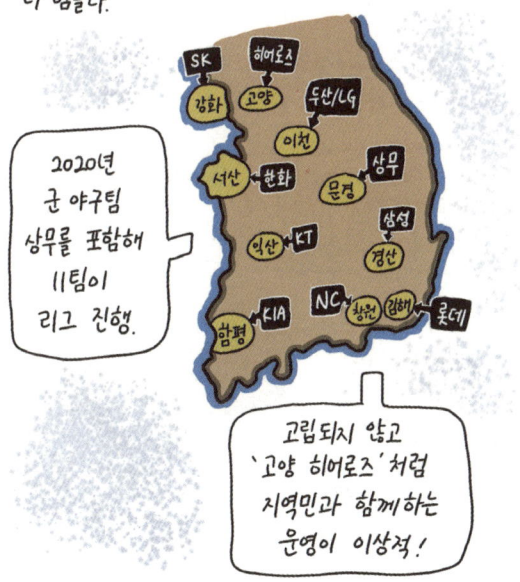

1991년 여름 베일에 가려있던 북한의 야구가 국제무대에 첫선을 보였다.

현재 북한은 국제야구연맹에 가입되어 있지만, 평양과 남포의 야구장에서 소수의 사람들만 즐기는 수준이다.

북한에서 사용하는 야구용어를 몇 개 들여다보자.

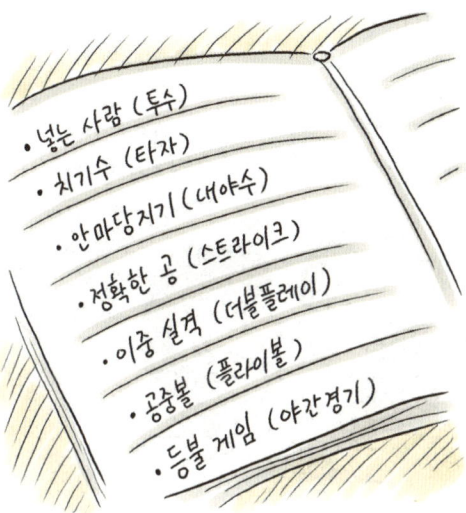

- 넣는 사람 (투수)
- 치기수 (타자)
- 안마당지기 (내야수)
- 정확한 공 (스트라이크)
- 이중 실격 (더블플레이)
- 공중볼 (플라이볼)
- 등불 게임 (야간 경기)

예능프로그램에는 MC가 있고, 야구장에는 장내 아나운서가 있다.

요즘은 남자 아나운서도 많지만 초창기에는 여자아나운서들의 독무대였다.

장내 아나운서는 오랫동안 얼굴 없는 직업이었지만 야구의 인기 증가에 따라 젊은 야구팬이 선망하는 직업이 되고 있다.

다시 그리는
한국프로야구사

주목받지 못했던 롯데 자이언츠는 포스트시즌에서 삼성과 해태를 연파하며 한국시리즈에 오른다.

롯데는 기진맥진한 상태였고, 상대는 투타에서 최강 전력을 갖춘 빙그레 이글스였다.

그러나 다승왕과 구원왕을 동시석권한 빙그레 송진우가
자멸하며 롯데가 1차전을 잡는다.

기세를 몰아 종합 전적 4승 1패로 롯데가 챔피언에
오른다.

정규시즌 하위팀이 우승을 하자 야구계에서는 양대리그제 시행에 대한 여론이 다시 불붙는다.

1992년 가을 빙그레 이글스 장종훈이 최초로 40홈런 고지를 돌파한다.

연습생으로 입단 후에 문자 그대로 피나는 노력 끝에 90년대 초반 한국의 4번타자가 되었다.

이후 하향곡선을 그렸지만, 2005년 은퇴하기까지 꾸준한 활약으로 '기록의 사나이'라고 불렸다.

1992년 두 명의 고졸투수가 프로야구계를 뒤흔든다.

나란히 평균자책점 1위와 2위에 오르며 팀의 에이스로 우뚝 선다.

둘의 활약은 각 구단 스카우터들이 고졸선수에게 주목하는 계기를 만든다.

야구계의 '억세게 운 좋은 사나이' 삼성 오봉옥이 승률 100%라는 경이적인 기록으로 승률왕에 오른다.

그는 이기던 경기든, 지던 경기든 나와서 던지기만 하면 팀이 승리하는 행운이 따랐다.

불멸의 기록 1인자로 남는 듯 했으나 2002년 김현욱이 다시 승률 100%를 기록한다.

해마다 연봉협상 테이블을 사이에 두고 구단과 선수들은 치열한 승부를 벌인다.

초창기 연봉협상을 앞둔 선수들 사이에는 3가지 지침이 유행했다.

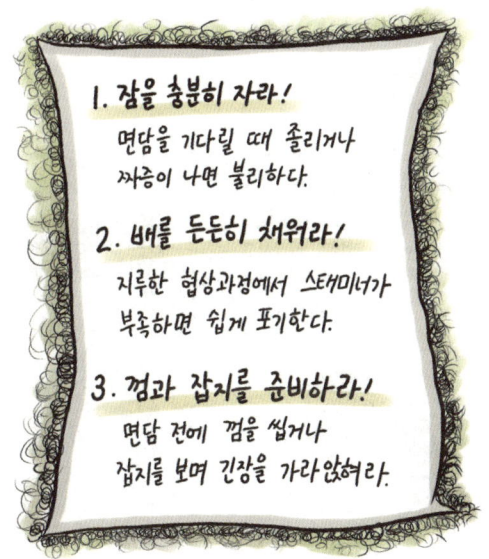

1. 잠을 충분히 자라!
   면담을 기다릴 때 졸리거나 짜증이 나면 불리하다.

2. 배를 든든히 채워라!
   지루한 협상과정에서 스태미너가 부족하면 쉽게 포기한다.

3. 껌과 잡지를 준비하라!
   면담 전에 껌을 씹거나 잡지를 보며 긴장을 가라앉혀라.

연봉협상에 임하는 선수들의 모습은 다양하다.

똘똘이형

울보형

묵비권형

무신정형

다시 그리는
한국프로야구사

한 시즌에 10승투수를 6명이나 배출한 팀이 1위에 오르는 건 당연한 일이다.

최고의 방패를 가진 해태와 한국시리즈에서 만난 팀은 최고의 창을 가진 삼성이었다.

광주에서의 1~2차전을 나눠 가진 두 팀은 대구에서 연장 15회까지 가는 무승부 혈투를 벌인다.

삼성은 4차전에서 타선이 폭발하며 승리! 우위를 선점하지만 잠실구장 5~7차전에서 내리 패배한다.

해태는 한국시리즈 7번 모두 우승, 삼성은 6번 모두 준우승을 하는 극단적인 모습이었다.

훗날 신(神)이라고 불리는 두 명의 신인선수가 프로 야구계를 뒤집어 놓는다.

양준혁은 신인왕, 이종범은 한국시리즈 MVP에 오르며 야구팬들의 눈을 사로잡았다.

전설로 향하는 그들은 1993년 첫 걸음을 내딛었다.

우수한 고교선수 스카우트를 위해 진흙탕싸움을 벌이던 프로팀과 대학은 '강혁 사태'로 끝장승부를 펼친다.

이중등록으로 야구계의 질서를 어지럽혔다는 이유로 KBO는 강혁에게 '프로선수 영구실격'이라는 극약처방을 내린다.

이후 우여곡절 끝에 징계가 해제되어 1999년 OB 베어스에 입단한다.

한일슈퍼게임이 2년 만에 간소한 규모로 재개된다.

종합 전적 1승 1무 1패로 양보 없는 승부를 펼쳤다.

1차 한일슈퍼게임 때보다는 향상된 모습을 보였으나 일본과 진검승부를 벌이기에는 아직 시간이 필요했다.

한국프로야구를 이끄는 스타들이 어린 시절 꿈을 키운 곳, 장충 리틀야구장.

1971년 건립. 한국 유소년야구의 성지이자 메카!

이승엽, 양준혁, 김태균 등등 수많은 야구 꿈나무가 처음 접했던 진짜 야구장.

미국, 일본, 대만은 물론 필리핀, 괌에게도 지던 한국팀은 리틀야구장이 생기면서 1984~85년 리틀야구 월드시리즈에서 2연패를 이룬다.

2014년 우승 때는 멋지고 귀여운 세리모니를 보여줬지요.

나의 세리모니를 따라한 줄 알고 감동 받아서 한국에 왔었죠.

메이저리거 페르난도 로드니

그러나 사실은 육상선수 우사인 볼트를 흉내낸 거였다고 하네요. ㅠㅠ

역사의 뒤안길로 사라진 동대문야구장처럼 철거될 위기를 여러 번 겪었다.

비행기나 고속열차로 이동하는 미국·일본야구팀과는 달리 이동거리가 짧은 한국은 구단버스를 이용한다.

오랜 세월동안 구단버스는 선수들의 '발'이자 '라커룸'이었다.

우리가 야구를 즐기고 잠든 밤, 전국의 고속도로 위에서는 프로야구단의 버스가 힘차게 달려가고 있다.

다시 그리는
한국프로야구사

감독이 모든 것을 지배하던 한국프로야구.
이광환 감독은 OB 베어스에서 '자율야구'를 실험하지만
결과는 신통치 않았고 비아냥만 듣는다.

그는 물러서지 않고 LG 트윈스에서도 자신의 야구철학을
펼쳤고, 1994년 마침내 '자율야구'와 '스타시스템'이
'신바람 야구'와 시너지를 발휘하며 대폭발한다.

시즌 내내 압도적인 전력으로 1위에 올랐고, 한국시리즈에서는
'돌풍의 팀' 태평양 돌핀스'와 격돌한다.

팽팽하게 맞선 1차전 연장 11회말 무명의 김선진이
끝내기홈런을 쳤고, 기세를 몰아 4연승으로 LG 트윈스가
우승을 차지한다.

체계가 미흡했던 한국프로야구를 현대식 시스템으로 바꾸는 원년이 되었다.

OB 베어스에서 선수들이 감독에게 집단항명을 하는 초유의 사태가 일어난다.

아마야구계는 구타가 일상이었고, 프로에서도 암암리에 이루어지던 폭력이 있었는데 이에 반기를 드는 사건이었다.

운동균 감독이 사임하고 선수들은 징계를 받으며 일단락 되었지만, 폭력이 당연시되던 스포츠계에 큰 파문을 일으켰다.

한국프로야구에서 이종범처럼 공수주를 완전히 장악하는 선수가 다시 나올 수 있을까.

데뷔 해에 신인왕을 놓친 한풀이를 하듯

누구보다 많이 치고 달리고 받았죠.

1994년 그는 리그를 지배했다.

3할 9푼 3리 !
84도루 !
OPS 1.033 !!

유격수로 뛰며 상대 팀의 수많은 안타를 평범한 땅볼로 만들어 버렸지요.

그가 일본프로야구에 진출하지 않고 계속 한국에서 뛰었다면 불멸의 기록들을 쏟아냈을 거라는 아쉬움이 남는다.

1994년 한국인 최초의 메이저리거가 탄생한다.

LA 다저스에 입단한 박찬호는 마이너리그를 거치지 않은 최초의 외국인이자, 메이저리그 17번째 선수가 되었다.

마이너리그에서 인종차별 등 시련을 겪지만 시즌 후반 다시 메이저리그로 올라선다.

모든 선수, 심판, 팬까지 지치게 만들었던 기나긴 투구의 제왕 '성준'.

느린 움직임, 느린 공으로 그는 느림의 미학을 완성했다.

길고 긴 타격준비로 유명했던 후배 박한이가 다른 팀 선수로 그와 만났다면 지켜보는 모든 이가 가슴을 쳤을 것이다.

1994년 한국 최초의 프로야구 공식음반 '꿈의 구장'이 발매된다.

앞서 1월에는 선동열과 이종범, 인기가수 양수경의 혼성그룹 'Two & One'이 앨범을 냈다.

리세기 들어서는 펑크록밴드 '타카피'가 만든 '치고 달려라'가 야구팬들의 송가로 불렸다.

다시 그리는
　　한국프로야구사

1995년

한 시즌에 감독의 능력으로 좌우되는 승수는 10승이 채 되지 않는다는 것이 야구계의 정설이다.

그러나 김인식 감독은 감독의 역량에 따라 팀이 얼마나 바뀔 수 있는지를 증명한다.

시즌 초 OB 베어스는 우승은커녕 4강후보로 예상하는 이조차 없었다.

플레이오프를 치르고 올라온 롯데와 만난 한국시리즈 1차전에서 패하는 등 악전고투 속에 4승 3패로 두 번째 우승을 차지한다.

선수들에 대한 신뢰를 바탕으로 하는 김인식 감독의 '믿음의 야구'와 홈 속의 진주를 캐내는 베어스의 '화수분 야구'가 시작되는 원년이 되었다.

한국프로야구 역사상 가장 강렬했던 캐릭터 이상훈이 '선발 20승'을 올린다.

한국, 일본, 미국에서 모두 뛰었던 최초의 선수가 되었고,
마운드로 올라갈 때 전력질주하던 특유의 모습처럼
선수생활의 마침표도 화끈했다.

야구만큼이나 기타를 잘 쳤던 그는 록밴드 'What'을
결성해서 활동했으며, 여러 팀에서 코치생활을 하다가
현재는 야구해설가로도 인정받고 있다.

한일슈퍼게임이 두 번째로 치러진다.

당초 예정되었던 일본의 에이스들이 여러 이유로 출전을 포기하며 다소 김이 빠졌지만, 이종범과 이치로라는 양국 야구천재들의 대결이 관심을 모았다.

도쿄돔 1차전. 선발 이상훈의 호투와 구대성, 김용수, 선동열로 이어지는 철벽계투로 0:0 무승부를 거둔다.

이어진 2~3차전도 완승을 거두자 일본야구계는 술렁였고, 선동열은 (심리전을 위해) 일본 매스컴에 너스레를 떨었다.

전열을 재정비한 일본이 올스타를 출전시킨 4차전은 싱겁게 일본의 승리로 끝난다.

종합 전적 2승 2무 2패를 거두며 이제 일본과 백지 한 장 정도의 실력 차이로 다가섰다는 것을 확인한 대결이었다.

1995년 재일한국인 야구스타 장훈의 자서전 《신화를 살다, 장훈》이 출간된다.

'무슨 일이든 일본인에게 져서는 안된다'고 가르쳤던 어머니에 대한 회상과 함께 치열했던 그의 삶이 소개되었다.

한국프로야구가 창설될 때 조직구성과 인재파견 등을 지원했고, KBO 고문으로 활동하며 한국과 일본의 야구 교류에 많은 역할을 했다.

1995년 안향미가 국내 최초의 여자야구선수로 등록된다.

이후 야구명문 덕수상고로 진학해서 마침내 33회 대통령배 교교야구대회 4강전 마운드에 오르는 전설을 남긴다.

2004년에는 한국 최초의 여자야구팀 '비밀리에'를 창단하며 한국여자야구의 역사를 개척해 나간다.

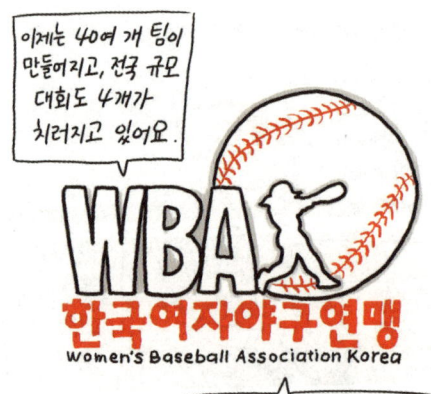

다시 그리는
한국프로야구사

말도 많고 탈도 많았던 현대 유니콘스가 인천의 4번째 프로야구팀으로 창단한다.

정규시즌 4위에 오른 뒤 포스트시즌에서 한화 이글스와 쌍방울 레이더스를 연파하며 한국시리즈에 진출한다.

선동열이 일본으로 떠나고 김성한이 은퇴한 해태 타이거즈는 시즌 전 종이호랑이로 평가 받았다.

현대 유니콘스와 맞붙은 한국시리즈. '그라운드의 여우' 김재박 감독에게 고전한다.

그러나 제 2의 홈구장(?) 잠실야구장에서 5~6차전을 승리하며 8번째 우승컵을 들어 올린다.

괴물신인 박재홍이 한국프로야구 최초로 30-30클럽에 가입한다. (30홈런/30도루 이상)

고향팀 해태가 지명권을 갖고 있었지만 현대로 트레이드되어 프로생활을 시작했다.

선수생활 내내 많은 구설수에 휘말리며 팬들과 매스컴의 미움도 받았지만, 화려한 기록을 남기고 은퇴 후에는 친근한 이미지의 야구해설가로 활동하고 있다.

1. KIA 타이거즈 시절 포스트시즌에서 탈락 후 라커룸에서 모든 선수가 울고있을 때 태연하게 빵을 먹었다는 소문으로 오랫동안 비난을 받았다. 그러나 훗날 밝혀진 바로는 빵을 먹은 장본인은 다른 선수였다고 한다.

2. 빈볼 시비로 SK와 롯데가 첨예하게 맞섰던 사직구장에서 그가 타석에 들어서자 롯데팬이 장난감칼을 들고 난입한 사건.

구대성이 투수 4관왕을 달성하며 시즌 MVP에 오르다.

한국야구에서도 전설적인 투수였지만, 특히 국제대회에서 '일본 킬러'로 명성을 떨쳤다.

한국, 일본, 미국에서 모두 뛰었던 그는 한화 이글스 은퇴 후에 호주리그로 건너가 47세 까지 마운드에 올랐던 진정한 불사조였다.

1990년대 꼴찌팀의 대명사였던 쌍방울 레이더스가 누구도 예상하지 못했던 돌풍을 일으킨다.

오랫동안 패배의식에 젖어 있던 팀을 김성근 감독 특유의 지옥훈련으로 완전히 탈바꿈시켰다.

선발투수의 개념을 없애버린 '벌떼 마운드'로 포스트시즌에 진출했으나, 현대와의 플레이오프에서 패배하며 사상 첫 한국시리즈 문턱에서 주저앉는다.

치열한 승부의 세계에서 '절친'의 우정에 관한 이야기는 훈훈함을 안겨준다.

'어린왕자'라고 불리며 팀의 에이스였던 김원형은 전담포수로 박경완만을 고집했다.

야구계에는 수많은 친구가 동료로, 때로는 적으로 승부를 펼치지만, 이들같은 '영혼의 배터리'가 다시 나올 수 있을까.

야구장에서 만끽하는 또 다른 즐거움은 각종 이벤트다.

경기 후반부에 경품 당첨자번호가 전광판에 뜨면
곳곳에서 환호와 탄식이 교차했다.

그러나 야구장을 찾아오는 팬들에게 최고의 선물은
예나 지금이나 응원팀의 승리일 것이다.

다시 그리는
한국프로야구사

1997년

해태 타이거즈가 9번째 우승을 거두며 왕조의 마지막 페이지를 완성한다.

우승 후 이종범이 일본으로 떠나고, 모기업이 재정난에 빠지며 화려했던 해태왕조는 서서히 막을 내리게 된다.

5월 초 삼성 라이온즈와 LG 트윈스의 3연전이 치러진 후 부정배트스캔들이 일어나며 야구계가 극도의 혼란에 빠진다.

KBO는 자체 검사 결과 문제가 없다는 결론을 내렸으나 반발이 이어지자 일본과 미국의 배트 제조사까지 직접 찾아가 검사를 한다.

40일 넘게 야구계를 흔들었던 부정배트 시비는 일단락되지만 많은 논란을 남겼다.

'국민타자' 이승엽이 시즌 MVP에 오르며 야구팬들에게 자신의 존재를 드러낸다.

원래는 투수 기대주로 입단했으나 팔꿈치 부상으로 타자로 전업했다.

'진정한 노력은 절대로 자신을 배신하지 않는다'라는 좌우명을 안고, 그는 전설의 여정을 시작한다.

8월 23일 종료된 경기가 판정번복으로 다시 열려 역전극이 연출되는 초유의 해프닝이 일어난다.

삼성 포수 김영진은 팬서비스로 관중석을 향해 공을 던져 버렸다.

칼퇴근하려는 주심을 그라운드로 다시 밀쳐내며 격렬하게 항의한 김성근 감독은 퇴장을 당했지만, 4심 협의 끝에 경기는 다시 재개됐다.

다시 기회를 잡은 쌍방울이 6대4 역전승!

역시 야구는 '끝날 때까지 끝난 것이 아니다'

'고독한 황태자' 윤학길이 은퇴한다.

100 완투를 기록한 철완. (통산 완투 1위)

1년에 2~3번만 완투하면 칭찬 받는 요즘 기준으로는 다시 이루기 힘든 불멸의 기록.

박동희. 염종석보다는 임팩트가 약했지만, 80년대 후반~90년대 초반 롯데 자이언츠의 실질적인 에이스였다.

한편 박철순. 이만수, 한대화 등도 나란히 은퇴하며 한국프로야구 1세대의 막을 내리는 해가 되었다.

박찬호와 선동열이 해외리그에서 마침내 정착하며 잇단 낭보를 띄운다.

풀타임 메이저리거가 되며 14승!

일본리그에서 39세이브포인트!

TV와 신문은 연일 그들의 소식으로 뒤덮힌다.

한국선수들이 해외에서 뛰는 게 신기하던 시절.

IMF국난을 맞으며 차범근 대통령, 박찬호 총리, 선동열 외무장관 이라는 우스갯 소리가 떠돌았지요.

그들이 연일 맹활약 하자 야구팬들이 국내야구를 외면하고 유망주와 스타 플레이어들의 해외 진출 러쉬로 이어지며 한국프로야구는 침체기로 접어들게 된다.

동구장이 없고 그라운드가 열악했던 예전엔 조금만 비가 내려도 경기가 취소되었다.

원정경기일 경우 꼼짝없이 숙소에서 무료한 시간을 보내야 하는 선수들은 다양한 방법으로 '비 오는 날 공치는 날'을 보낸다.

간혹 숙소를 이탈해서 사건을 일으키는 선수들때문에 예민한 감독들은 숙소 입구를 지키고 있곤 했다.

다시 그리는
한국프로야구사

1998년

막강전력을 구축한 현대 유니콘스가 시즌 내내 독주하며 정규시즌 1위에 오른다.

플레이오프에서 OB 베어스와 삼성 라이온즈를 연파하며 한국시리즈에 올라온 LG 트윈스와 지하철시리즈를 갖는다.

새로운 에이스 현대 정민태와 LG 노장 김용수가 맞붙은 1차전은 11대 2로 싱겁게 현대의 완승.

18승으로 다승왕에 오른 절정의 기량이었지만 준플레이오프부터 치르고 올라오느라 지쳤어.

이후 힘의 우위를 과시하며 4승 2패로 현대 유니콘스가 인천지역팀 최초의 우승을 차지한다.

1차전, 4차전에서 완벽한 선발투수였고, 6차전 마무리를 하며 우승 순간을 장식한 정민태가 MVP.

현대 - LG - 삼성이 1~3위에 오르며 한국프로야구는 투자와 시스템이 힘을 발휘하는 '자본의 야구'시대로 들어선다.

한국프로야구에도 외국인선수가 들어오며 지금껏 보지 못했던 색다른 재미가 더해진다.

(지금도 마찬가지지만) 경력과 이름값보다는 음식과 문화, 한국야구에 대한 적응여부에 따라 명암이 갈렸다.

외국인 선수들은 이후에도 숱한 이야기를 낳으며 한국프로야구의 경쟁력을 향상하고 있다.

1998년 이후 수많은 외국인선수가 활약했지만 '타이론 우즈'는 역대 최고의 외국인타자로 손꼽힌다.

베어스에서 5년동안 뛰며 174 홈런! (외국인타자 통산 1위)

시즌 초반 적응하지 못해 애를 먹으며 부진에 빠졌지만 '믿음의 야구' 김인식 감독의 배려에 잠재력을 폭발시킨다.

42호 홈런을 치며 한국신기록 작성!

타점왕까지 더해서 MVP 등극.

이후 일본리그로 건너가 홈런왕에 오르고, 거액의 연봉을 받으며 선수 기용에 대한 시스템을 만들게 된다.

국내 최고 인기스포츠라는 위상이 흔들리며 프로야구는 극도의 침체기를 맞는다.

프로야구와 프로축구의 인기가 뒤바뀌는 상징적인 사건이 일어난다.

출범 이후 태평성대를 노래했던 야구계는 부랴부랴 타개책을 마련한다.

프로와 아마추어의 스타들이 집결한 '야구 드림팀'이 방콕 아시안게임에 출전한다.

아마추어만 출전한 일본과, 한 수 아래인 대만을 가볍게 제압하며 금메달을 목에 건다.

인상적인 투구를 펼친 김병현은 메이저리그에 스카우트 되었고, 많은 선수가 병역 면제 혜택을 받았다.

OB 베어스 투수 이광우가 포크볼을 던지기 위해 손가락 사이를 찢는 수술을 받아 화제를 모은다.

계속 구위가 하락하던 그는 살아남기 위해 마지막 승부수를 띄운 것이다.

수술 덕분인지 그는 이후에 10승투수로 부활한다.

다시 그리는
한국프로야구사

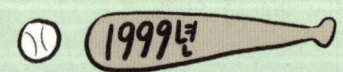
1999년

8개구단 체제가 되면서 계속 거론되었던 양대리그가 본격 시행된다.

팬들의 의견을 모은 공모전을 통해 각 리그의 명칭이 정해졌다.

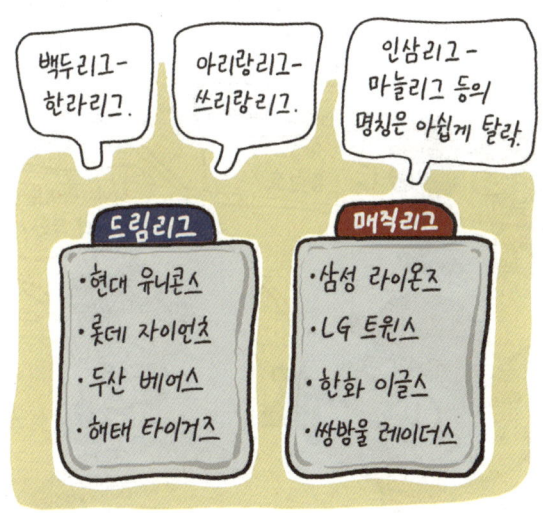

각 리그 상위 팀 간의 크로스매치로 7전 4선승제의 플레이오프가 시작된다.

종합 승률 4위였던 한화는 예상을 깨고 1위 두산을 4연승으로 가볍게 제압한다.

삼성과 만나 1승 3패로 탈락이 유력하던 롯데는 이후 기적같은 3연승을 거둔다.

1992년에 이은 한국시리즈 리턴매치 한화 VS 롯데의 대결이 부산 사직구장에서 시작한다.

타력은 엇비슷했지만, 투수력에서 승부가 갈린다.

1차전 외에는 모든 경기가 1점차 승부였던 살얼음판시리즈였지만, 종합 전적 4승 1패로 한화 이글스가 첫 우승컵을 든다.

IMF 직격탄을 맞은 쌍방울 레이더스는 생존의 벼랑 끝으로 내몰린다.

남은 선수들은 정상적인 경기력을 발휘할 수 없는 상황이었다.

시즌 97패! 승률 0.224라는 참혹한 성적을 마지막으로 쌍방울 레이더스는 역사의 뒤안길로 사라진다.

한국프로야구시스템에 지각변동을 일으키는 FA(Free Agent) 제도가 시행된다.

선수들은 환호하고 구단들은 울상을 지었지만 시대의 흐름을 거스를 수는 없었다.

그러나 스타선수들에게만 혜택이 집중되었고, 평범한 선수들에게는 불리한 상황이 전개되어 논란이 이어진다.

4년마다 열리는 '한일슈퍼게임'이 세 번째를 맞이한다.

일본리그에 진출한 선동열, 이종범이 일본 올스타로 출전해 한국 올스타팀과 대결하는 이색적인 장면도 연출된다.

종합 전적 1승 1무 2패를 거두며, 3차례에 걸쳐 진행한 한일슈퍼게임은 막을 내린다.

타자들은 자신의 취향에 따라 타석에서 다양한 타격폼을 연출한다.

야구교본에 정면으로 위배되는 폼으로도 그는 오랫동안 롯데 자이언츠의 강타자로 활약했다.

그 외에도 한국프로야구에는 재미있는 폼으로 팬들의 눈을 즐겁게 한 선수가 많다.

다시 그리는
한국프로야구사

인천의 5번째 팀 SK 와이번스가 창단한다.

해체한 쌍방울 레이더스의 선수단을 인수했지만, 공식적으로는 새로운 팀의 창단이었다.

현대 유니콘스는 서울 이전을 결정했지만, 여러 제반 문제로 인해 임시로 수원에 정착한다.

시즌 홈관중 13만 명에 불과한 외면 속에서도 현대는 압도적인 전력으로 종합 승률 1위에 오른다.

양 리그 간의 극심한 전력 불균형으로 준플레이오프가 열리고, 5팀이나 포스트시즌에 나서는 상황이 전개된다.

플레이오프를 거쳐 현대 VS 두산의 한국시리즈가 시작된다.

현대의 3연승으로 싱겁게 끝나는 듯 하던 시리즈는 '미라클 두산'의 3연승으로 팽팽해진다.

마지막 7차전. 외국인타자 퀸란이 대폭발하며 현대 유니콘스가 그번째 우승을 차지한다.

오래전에 좌초되었던 선수협회가 다시 고개를 들고 2000년 1월 21일 창립총회를 연다. 이번에도 각 구단들과 KBO의 강한 반대에 부딪힌다.

그러나 이번에는 여론이 바뀌어 야구팬들은 선수협회를 응원했고, 노동계와 시민단체들까지 힘을 보탰다.

이렇게 '한국프로야구 선수협회'는 정식으로 닻을 올리고 선수들의 권익과 복지향상에 큰 힘이 되고 있다.

박경완이 한국프로야구 최초로 4연타석 홈런을 친다.

그는 쌍방울에서 연습생신화를 만들며 현대왕조와
SK왕조를 이끈 위대한 포수였다.

SK 와이번스 최초의 영구결번을 장식하며 지도자로서
제 2의 야구인생을 달리고 있다.

다시 결성한 '야구드림팀'이 시드니올림픽에 출전한다.

초반 1승 3패로 벼랑 끝에 몰렸으나, 이후 연승을 거두며 4강에 진출한다.

일본과의 3·4위전에서 승리를 거두며 올림픽 최초의 동메달을 따낸다.

 2000년 야구소사 "놓치지 않을 거예요"

두산 베어스 김동주가 5월 4일 롯데전에서 잠실구장 최초의 장외홈런을 친다.

LG 트윈스 김용수가 투수 최초로 600경기 출장을 돌파한다.

통산 100승과 200세이브의 대기록!

한화 이글스 송진우가 5월 18일 해태전에서 노히트 노런을 기록한다.

좌완투수 최초이자 유일무이.

국내 투수로는 마지막 기록.

다시 그리는
한국프로야구사

2001년

2년 간 시행된 양대리그제가 폐지되고 다시 단일 리그제로 돌아온다.

두산 베어스는 2001년을 암울하게 시작했다.

선수협회 활동으로 구단 고위층에게 찍힌 '헤라클레스' 심정수를 보복 트레이드.

외국인 선수들은 이태원에서 폭력을 휘둘러 유치장 신세.

10승투수는 한 명도 없었지만 십시일반 절묘한 운영으로 정규시즌 3위에 오른다.

포스트 시즌에서 한화와 현대를 연파하며 한국시리즈 진출.

해태왕조를 이끌었던 명장 김응용 감독이 새로 지휘봉을 잡은 삼성 라이온즈와의 맞대결.

임창용, 갈베스, 버영수의 막강 선발진!

이승엽, 마해영, 마르티네스의 핵타선! 올해 한국시리즈는 싱겁게 끝나겠군.

그러나 '미라클 두산'은 김인식 감독의 용병술과 선수들의 뚝심으로 3번째 우승을 차지한다.

모기업의 재정난에 흔들리던 해태 타이거즈가 기아로 인수된다.

시즌 후반기인 8월 1일부터 기아 타이거즈의 유니폼을 입은 선수들이 그라운드에 선다.

20년 동안 9번이나 우승을 한 전설의 팀 해태시대는 그렇게 막을 내렸다.

리세기 한국야구를 대표하는 강타자 이대호와 김태균이 같이 데뷔한다.

신인왕을 수상하며 화려한 첫해를 보낸 김태균에 비해 이대호의 출발은 미미했다.

이후 전체 커리어는 이대호가 앞서는 모양새를 보여준다.
그렇게 둘은 한국야구의 전설로 남을 발자취를 남기고
있는 중이다.

1999년 한국야구를 평정하고 메이저리그로 갔던 펠릭스
호세가 다시 사직구장으로 돌아온다.

단일 시즌 최고 출루율을 기록했는데, 이는 투수들이 그를 얼마나 두려워했는지 보여주는 지표다.

여러 난폭한 행동으로 구설수도 많았으나 롯데 올드팬에게는 그리운 선수로 남아 있다.

2000년대에 들어서며 현재와 같은 응원시스템이 야구장에 정착한다.

그들은 야구경기라는 메인요리에 맛있는 조미료를 첨가해주는 존재다.

이후 몇몇 치어리더는 연예인같은 인기를 얻으며 야구장 문화에 큰 몫을 담당하게 된다.

2001년 야구소사 "놓치지 않을 거예요"

한화 이글스 투수 송진우가 대타로 나와서 끝내기 안타를 때리는 진기록을 남긴다.

메이저리그에서 뛰는 한국인선수들이 최초의 기록을 쓴다.

올스타전 출전 — 박찬호

월드시리즈 등판 — 김병현

LG 트윈스 투수 신윤호가 다승왕과 구원왕을 동시 석권한다.

구원왕을 세이브가 아닌 세이브포인트로 정하던 시절.

송진우, 구대성과 함께 3명이 존재하죠.

다시 그리는
한국프로야구사

1985년 전기·후기리그 통합우승을 차지하며 V1을 달성했던 삼성 라이온즈.

정규시즌 1위로 한국시리즈에 직행한 후에 플레이오프를 치르고 올라온 LG 트윈스와 만난다.

가장 중요한 1차전에서 옐비라의 호투와 강동우, 브리또의 홈런포로 4-1 승리를 거둔다.

이후 승패를 주고받으며 5차전까지 3승 2패 우세.

6차전. 9-6으로 LG가 앞선 9회말. 모두가 마음속으로 7차전을 준비하고 있었을 때...

극도로 부진했던 이승엽의 동점 스리런홈런!

뒤이어 나온 마해영의 끝내기홈런!

20년의 한국시리즈 저주를 풀어버린 삼성 라이온즈는 리세기 최강팀을 향한 첫 걸음을 딛게 되었다.

온 나라가 들썩였던 2002년 한일월드컵.

월드컵 4강신화에 취한 팬들은 이후에도 축구장으로 구름처럼 모여든다.

급기야 프로야구 올스타전을 앞두고 웃지 못할 해프닝도 일어난다.

'철인' 최태원이 1000경기 연속출장기록을 세운다.

쌍방울 레이더스 선수였던 1995년 4월 16일부터 기록 시작~

끝이 없을 것 같던 그의 기록행진은 2002년 9월 8일 대장정을 마무리한다.

1,014경기 기록.

부상을 당한 건 아니지만 극도의 부진으로 선발출장 하지 못하고

경기 후반에 교체출장을 이어가는 건 의미가 없다.

야구역사가 긴 미국과 일본에는 더욱 대단한 철인들이 있다.

칼 립켄 주니어.
2,632 경기.

기누가사 사치오.
2,215 경기.

10월 부산에서 열린 아시안게임에 국내 선수들로 이루어진 야구드림팀이 출전한다.

위축된 프로야구를 다시 살리는 계기로 만들어야 한다.

병역미필자와 아마추어 선수를 고려하지 않고 오직 실력으로 선발.

프로야구 2군선수와 사회인야구선수들로 이루어진 일본보다는, 자국의 올스타와 미국 마이너리그선수들까지 소집한 대만이 난적으로 꼽혔다.

훗날 뉴욕 양키스에서 맹활약하는 왕젠밍 합류.

엎치락 뒤치락하며 박빙의 대결을 펼친 대만과의 결승전.

구원등판한 송진우가 끝까지 리드를 지켜내며

4-3 승리!
금메달!!

한국프로야구의 3대명장으로 불리는 감독들.

저마다의 지도스타일을 펼치며 수십 년 동안 화려한 발자취를 남겼다.

평생의 라이벌이었던 그들은 모두 한화 이글스에서 쓸쓸히 은퇴(프로구단 감독)하는 비슷한 길을 걸었다.

 2002년 야구소사 "놓치지 않을 거예요"

역사상 가장 강력했던 잠수함투수 이강철이 대투수의 반열에 오르는 기록을 세운다.

한국시리즈 우승팀에게 공식 우승반지를 수여하는 전통이 시작된다.

11월 7일
KBO와
보석제조기업
협찬 조인식.

한국 최초의 메이저리그식 야구장인 인천 문학 구장이 개장한다.

4월 9일
SK 대 한화
공식 첫 경기

스카이박스와
외야 불펜 등등
기존 야구장에서
볼 수 없었던 풍경~

다시 그리는
한국프로야구사

남 부러울 것 없던 부자구단 현대 유니콘스의 가세가 기울기 시작한다.

구단의 숙원이었던 서울 입성도 좌절되었고, 수원 팬들의 외면 속에서도 오히려 왕조를 구축한다.

정규시즌 1위로 한국시리즈에 직행한 후에 파죽지세의 SK 와이번스와 만난다.

당대 최고의 포수대결로도 관심을 모은 1차전은 팽팽한 승부 끝에 3-2 현대의 승리.

3승 3패로 끈질기게 따라붙은 SK를 7차전에서 제압하고 세 번째 우승컵을 든다.

삼성 라이온즈 이승엽이 56개의 홈런을 때리며 (당시) 아시아 홈런 신기록을 세운다.

연일 터져 나오는 그의 홈런 소식에 전국은 들썩였고, IMF 이후 침체되었던 프로야구는 모처럼 활기를 찾는다.

53개 홈런을 때려내며 러닝메이트가 되어준 '헤라클레스' 심정수의 역할도 컸다.

통산 467개의 공을 담장 밖으로 날려버린 그의 기록은 아직까지 깨지지 않고 있다.

한편 시즌 중에 LA 다저스의 부사장이 내한하여 그의 경기를 지켜보는 등, 한국프로야구 출신 첫 메이저리거 탄생에 대한 기대가 커져갔다. (KBO→MLB 직행)

그러나 터무니없는 계약조건에 실망한 그는 메이저리그를 포기하고 일본리그로 진출한다.

현대 유니콘스 투수 정민태가 선발리연승 기록을 세운다.

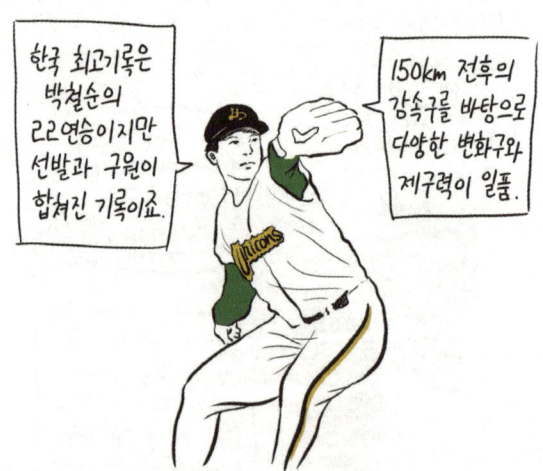

그는 90년대 후반~00년대 초반 리그를 장악한 투수였다.

현대 유니콘스가 계속 존속했다면 아마도 홈구장에는 그의 영구결번이 자리했을 것이다.

11월 일본 삿포로에서 아시아야구선수권대회가 열린다.

대만과의 1차전은 '삿포로 참사'의 서막을 열었다.

중국과의 2차전은 승리했지만, 일본과의 3차전에서 패배하며 올림픽 출전에 실패하게 된다.

2003년 야구소사 "놓치지 않을 거예요"

연장전 진행 방식이 현재와 같은 12회 이닝 제한으로 변경된다.

LG 트윈스 외국인타자 알칸트라가 홈런을 치고 아웃당하는 황당한 기록을 남긴다.

현대 유니콘스 박종호가 사이클링히트(Hit for the cycle)를 눈앞에 두고도 번트사인을 받는 기구한 상황에 처한다.

다시 그리는
한국프로야구사

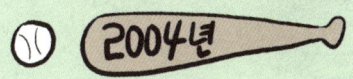

시즌 전 변경한 연장전 규정이 결국 사상 초유의 한국시리즈 9차전이라는 결과를 낳는다.

정규시즌 1위로 한국시리즈에 직행한 현대 유니콘스가 플레이오프를 치르고 올라온 삼성 라이온즈를 1차전에서 제압한다.

8-8로 팽팽하게 맞선 2차전.
그러나 4시간 시간제한에 걸려 무승부로 끝난다.

삼성 라이온즈 에이스 배영수는 4차전에서
10이닝 노히트노런이라는 진기록을 세운다.

9차전. 폭우가 내리는 그라운드에서 말 그대로 진흙탕싸움을 벌인 끝에 현대 유니콘스가 4번째 우승을 차지한다.

프로야구판을 통째로 뒤흔드는 대규모 병역비리사건이 일어난다.

예전에는 군의관에게 뇌물을 주고 허위진단서를 받았지만, 이번엔 브로커가 신검 결과를 치밀하게 조작하는 수법을 썼다.

병역비리에 연루된 일부 선수는 경기 중에 경찰에게 연행되는 등 커다란 사회적 이슈가 되었다.

삼성 라이온즈 박종호가 연속경기안타 신기록을 세운다.

이후에도 기록을 이어가며 아시아신기록마저 작성한다.

한편 야구역사가 깊은 미국과 일본의 연속경기안타 기록도 살펴보자.

조 디마지오. 56경기 연속안타

다카하시 요시히코 33경기 연속 안타

프로야구 경기에서 선수가 경기 도중 상대팀 덕아웃에 들어가 폭력을 행사하다 퇴장당하는 사태가 벌어진다.

SK 와이번스 외국인타자 틸슨 브리또.

경기장 복도를 통해 삼성 덕아웃에 난입해서 방망이로 위협.

7회말. 삼성 투수 호지스와의 빈볼시비가 원인이었다.

예전 경기에서도 몸에 맞는 공이 있었고. 다시 반복되자 결국 폭발.

브리또를 따라 SK 선수 전원이 삼성 덕아웃으로 몰려갔고. 양 팀 선수 간의 거친 난투극이 일어난다.

서로 벤치를 비우고 그라운드로 몰려나와 몸싸움을 벌이는

벤치클리어링은 수없이 많지만 이런 상황은 전무후무.

그 와중에 김응용 감독은 자신에게 덤벼드는 SK 카브레라를 헤드록으로 제압.

야구장에는 구단의 공식응원단이 있지만, 이와는 별개로 관중들의 흥을 돋우는 민간응원단장이 있다.
2004년 전국 야구장에도 여러 '재야 명물'이 있었다.

 2004년 야구소사 "놓치지 않을 거예요"

LG 트윈스 이상훈이 '기타 전쟁'을 벌이다가 끝내 SK 와이번스로 트레이드된다.

실제 프로야구선수의 삶을 조명한 영화가 만들어진다.

삼미 슈퍼스타즈 투수 감사용이 모델.

스타가 아닌 무명선수의 애환과 열정을 표현.

SK 와이번스 김민재가 9연타석 안타 신기록을 세운다.

이후 2013년 LG 트윈스 이병규가

10연타석 안타를 치며 기록을 경신.

다시 그리는
한국프로야구사

서로 선동열 감독이 지휘봉을 잡은 삼성 라이온즈.
타격의 팀이었던 전통적인 팀컬러를 변화시킨다.

'지키는 야구'로 정규시즌 1위에 오르며 한국시리즈에 진출한다.

두산 베어스와 만나 1, 2차전을 짜릿한 역전승으로 장식하며 시리즈의 승기를 잡는다.

잠실구장에서 열린 3차전도 양준혁과 진갑용의 홈런포로 6-0 완승을 거둔다.

두산은 전의를 상실했고, 4차전은 10-1로 싱겁게 끝나며 삼성 라이온즈가 챔피언에 오른다.

한국프로야구 역사상 가장 강력한 마무리투수 오승환이 데뷔한다.

중간계투로 시작했지만 그의 돌직구에 타자들이 추풍낙엽처럼 쓰러지면서, 시즌 중반부터 마무리로 자리잡는다.

'삼성왕조'를 이끌며 한국야구계를 평정한 후에 일본리그와 메이저리그에서도 맹활약하게 된다.

두산 베어스의 에이스 박명환이 '양배추 파동'을 일으킨다.

몸에 열이 많은 체질이고, 갑상선도 좋지 않아 더위에 약했던 그는 민간요법으로 모자 속에 양배추를 넣고 공을 던졌다.

열을 식히는 데 도움이 되었지만, 야구규칙상 이물질로 해석되어 제재를 받게 된다.

2000년대 들어서며 '전 경기 중계방송' 시대가 서서히 시작된다.

야구팬들은 이제 언제, 어디서든 자신의 응원팀 경기를 즐길 수 있게 된 것이다.

한편 스포츠케이블 방송의 야구 하이라이트 프로그램을 통해 '야구 여신'들이 탄생한다.

2005년 야구소사 "놓치지 않을 거예요"

90년대 한국의 4번타자였던 장종훈이 은퇴한다.

이글스의 전설 다이너마이트 타선의 핵.

한일슈퍼게임에서 때린 대형홈런으로 당시 일본구장에 홈런기념비.

영구결번 35번.

양준혁, 이승엽 등이 기록을 깨기 전까지 거의 모든 타격부문 통산 1위.

프로야구 사상 처음으로 전 구장 매진이 이루어진다.

4월 5일 잠실, 인천, 대전, 부산구장 모두 매진.

(지금은 곧잘 있는 일이지만) 프로야구 출범 후 24년 만에 이뤄진 신기록.

LG 트윈스가 두산 베어스와의 경기에서 승리할 때까지 입장료를 받지 않는 파격이벤트를 실시한다.

제주도에서 21년 만에 프로야구 경기가 열린다.

SK 와이번스 박재홍이 사상 최초로 200홈런-200도루를 기록한다.

아시아의 챔피언팀들이 대결을 벌이는 코나미컵 아시아 시리즈가 도쿄돔에서 열린다.

- 1차전 일본 지바 롯데 마린즈전 2-6 패배.
- 2차전 중국 올스타팀전 8-3 승리.
- 3차전 대만 싱농 불스전 4-3 승리.
- 결승전에서 롯데 마린즈에게 3-5로 패배. 준우승.

다시 그리는
한국프로야구사

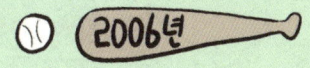

삼성 라이온즈 선동열 감독의 '지키는 야구'가 더욱 위력을 떨치는 한 해가 된다.

정규 시즌 1위로 한국시리즈에 직행한 후 '재활 공장장' 김인식 감독의 한화 이글스와 만난다.

대구구장에서 시작한 1~2차전은 사이좋게 1승 1패.

시리즈의 향방을 가른 것은 3~5차전이었다.

한화 이글스는 체력과 전력의 열세 속에서 6차전마저 내줬고, 삼성 라이온즈가 2년 연속 우승을 차지한다.

'괴물' 류현진이 데뷔한다.

시즌 내내 쾌투를 거듭하며 신인 최초로 투수부문 트리플 크라운을 기록한다.

신인왕은 당연한 것이었고, 이대호와 오승환을 제치고 프로야구 역사상 최초로 MVP - 신인왕을 동시수상하며 전설의 첫 페이지를 써내려간다.

'회장님' 송진우가 한국 최초이자 유일무이한 200승 투수의 반열에 오르다.

강속구를 앞세워 줄곧 에이스로 활약했지만 나이가 들면서 위력을 잃어갔다.

1989년 데뷔 후 빙그레 이글스의 전성기와 1999년 우승을 이끌었던 그는 현재도 코치로 활약하는 '영원한 이글스맨'이다.

대전구장에 자리잡은 영구결번 21번.

통산 210승. 103세이브.

최다이닝 1위 (3,003이닝) 최다 탈삼진 1위 (2,048개)

월드베이스볼클래식(WBC) 첫 번째 대회가 열린다.

메이저리거를 포함한 세계의 최정상급 선수들이 참가하는 야구월드컵.

2006년과 2009년 대회 이후로 4년마다 개최.

한국도 사상 최강의 드림팀을 꾸린 후, 일본 도쿄돔에서 열린 아시아 지역예선에 나선다.

중국과 대만을 가볍게 제압한 한국은 일본마저 격침시키며 예선 1위에 오른다.

미국에서 이어진 2라운드. 멕시코를 이긴 한국은 야구종주국이자 메이저리거가 총출동한 미국마저 격파한다.

2라운드 3차전에서 만난 일본을 다시 제압하며 누구도 예상 못한 4강에 진출한다.

6승 1패를 거둔 한국은 떨어지고, 4승 3패를 한 일본은 결승에 진출했다. 대회 운영이 엉성했지만 한국야구가 세계 중심에 우뚝 서는 계기가 되었다.

이 대회에서 얻은 경험과 자신감이

2년 후 올림픽 금메달로 이어지지요.

 ## 2006년 야구소사 "놀라지 않을 거예요"

12월 카타르에서 열린 아시안게임에서 '도하참사'가 일어난다.

대만에 패배한 후 아마추어선수들이 출전한 일본에게도 완패.

앞서 11월에 열린 대륙간컵대회 패배와 아시아시리즈에서 삼성 라이온즈의 패배를 더하여 대만전 3연패로 한 해 마무리.

이대호가 타자부문 트리플크라운을 달성한다.

오승환이 한국 및 아시아 세이브 신기록을 세운다.

다시 그리는
한국프로야구사

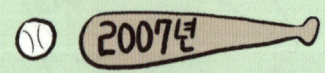

스포테인먼트(스포츠+엔터테인먼트)를 주창한 SK 와이번스는 김성근 감독과 이만수 수석코치를 간판으로 내세운다.

전임 조범현 감독이 일구어놓은 밭에 김성근 감독이 지옥훈련의 씨를 뿌리니 SK는 최강팀으로 거듭난다.

'뚝심의 야구'를 앞세운 김경문 감독의 두산 베어스와 만난 한국시리즈.

한국프로야구 역사상 1~2차전을 모두 승리한 팀은 한국시리즈 우승에 실패한 적이 없었다.

흐름을 가져온 SK 와이번스는 5~6차전마저 승리하며 사상 첫 챔피언에 오른다.

재정 악화 속에서 근근이 버텨낸 현대 유니콘스가 최악의 상황으로 치닫는다.

농협과 KT가 적극적으로 인수에 나섰으나, 격렬한 반대에 부딪히며 무산된다.

10월 5일 수원구장에서 열린 한화 이글스와의 홈경기를 끝으로 현대 유니콘스는 역사 속으로 사라진다.

(류현진과 함께) 한국프로야구 좌완 트로이카 시대를 이끈 김광현과 양현종이 데뷔한다.

그러나 기대와는 달리 둘의 데뷔시즌은 보잘 것 없었다.

강속구와 각이 좋은 변화구를 갖췄지만 아직 제구가 안되는 다듬어지지 않은 원석.

이후 강력한 임팩트를 보인 김광현과, 조용히 강했던 양현종은 앞서거니 뒤서거니 하며 한국의 에이스로 우뚝 서게 된다.

3루 파울지역에 서 있는 작전코치는 감독의 메신저다. 감독의 사인을 받아서 선수들에게 전달한다.

작전코치는 경기 전 선수들과 '키(key)'를 정한다. 예를 들어 모자를 키(key)로 하고, 오른손으로 세 번째 터치하는 부분이 '진짜 사인'이라고 약속한다.

이처럼 복잡하다 보니 경기 중 사인미스는 숱하게 일어난다.

2007년 야구소사 "놓치지 않을 거예요"

한여름에 펼쳐지는 '서머리그'가 시행된다.

7월 15일 ~ 8월 14일까지. 이 기간 승률 1위팀에게 2억 원의 상금 수여.

팀 성적은 그대로 정규시즌 성적에 반영.

SK 와이번스 '스포테인먼트'의 유쾌한 일화가 생긴다.

문학구장이 매진되면 팬티만 입고 그라운드를 달리겠다.

실제로 매진되자 클리닝타임 때 팬 15명과 함께 팬티 구보.

이만수 수석코치.

← 팬이 선물한 장난감 영덩이 팬티

두산 베어스 외국인투수 리오스가 22승과 함께 '1이닝 공 9개로 3탈삼진'의 기록을 세운다.

2016년의 니퍼트와 함께 외국인투수 한 시즌 최다승.

그러나 이후 일본리그로 건너가 약물 사용이 발각되며 한국기록도 의심 받지요.

한국프로야구에서도 선수들의 약물 사용여부를 밝히는 도핑테스트가 시작된다.

그동안 한국의 허술한 시스템을 악용하여 약물을 사용한 외국인선수들이 있었지요.

외국인선수를 통해 같은 팀 선수들에게도 전파.

'3'으로 이루어진 진기록이 속출한 시즌이었다.

다시 그리는
한국프로야구사

SK 와이번스는 2위 그룹과 13경기가 넘는 승차를 기록하며 압도적인 정규시즌 1위에 오른다.

그러나 두산 베어스와 만난 한국시리즈 1차전을 맥없이 내준다.

김재현의 홈런포로 2차전을 승리하며 시리즈 1승 1패.

삼성과의 플레이오프를 6차전까지 치르며 올라온 두산은 체력의 문제를 노출하면서 남은 경기에서도 무력하게 패배한다.

종합 전적 4승 1패로 챔피언에 오른 SK 와이번스는 화려한 왕조의 전성기를 맞이한다.

현대 유니콘스를 인수한 투자회사 센테니얼 인베스트먼트 (현 주식회사 서울 히어로즈)는 '네이밍 마케팅'이라는 새로운 구단운영 방안을 선보인다.

시즌 초반 선두로 치고 나가며 이변을 일으켰으나 한계를 드러내며 시즌 7위에 그친다.

게다가 KBO가입금 미납 사태가 일어나며 비난을 받자 메인스폰서가 시즌 중에 철수하고 만다.

오랜 기간 암흑기를 겪고 있던 롯데 자이언츠가 한국야구 최초로 '외국인 감독'이라는 비장의 카드를 꺼낸다.

7년간 888-8577 (순위) 전화번호를 찍던 중.

메이저리그에서 잔뼈가 굵은 제리 로이스터 감독 선임.

자율야구와 공격야구를 앞세운 로이스터 감독은 롯데를 강팀으로 탈바꿈시킨다.

No Fear!!

최고의 팀배팅은 홈런!

'부산의 히딩크'로 불리며 폭발적 인기!

시즌 최다 관중 신기록을 세우는 등 부산은 야구 열기로
폭발했고, 롯데는 8년 만에 포스트시즌에 진출한다.

한국야구의 전설로 남은 베이징올림픽의 막이 오른다.

트리플A 선수들로 이루어진 미국과의 1차전.

6-7로 뒤지고 있던 9회말.

3타자 연속대타작전을 펼친 끝에 동점! 이종욱의 끝내기 희생플라이로 역전승!

게다가, 일본, 쿠바마저 연파하며 예선 7전 전승으로 준결승에 진출한다.

이대호와 김현수의 불방망이!

일본과의 준결승전은 메달 확보와 병역 면제가 걸려있고,
양국 프로리그 올스타가 총출동한 자존심의 한판 승부.

2008년 8월 23일. 베이징 우커송야구장에서 열린 결승전.
쿠바를 꺾고 올림픽 챔피언의 신화를 만든다.

SK와 두산의 주도로 만들어진 한국 특유의 '발야구'와 선 굵은 야구를 펼친 김경문 감독의 뚝심이 어우러진 한국야구사 최고의 쾌거로 남았다.

2008년 야구소사 "놓치지 않을 거예요"

무승부 없는 연장 무제한 제도가 시행된다.

SK 와이번스 투수 윤길현이 빈볼과 욕설 파문에 휩싸이며 뜨거운 이슈를 만든다.

KIA 타이거즈 최경환에게 빈볼을 던지고도 "내가 뭘 잘못했나" 라는 제스처.

삼진을 잡은 후에는 욕설하는 입모양.

선수의 사과에도 팬들의 비난이 빗발치자 김성근 감독이 반성의 의미로 경기 결장.

견제구를 향한 '견제응원'이 구단별로 등장하며 경기의 흥을 돋우게 된다.

마! (롯데 자이언츠)

뭐여! 뭐여! (한화 이글스)

떽! 떽! 앞으로 던져라! (LG 트윈스)

다시 그리는
한국프로야구사

2009년

정규시즌 1위 KIA 타이거즈와 2위 SK 와이번스가 맞붙은 한국시리즈는 사제 간의 불꽃대결이었다.

1차전은 노장 이종범의 맹활약에 KIA의 5-3 역전승.

2연패로 수세에 몰린 SK는 가을영웅들의 등장으로 3~4차전을 승리하며 시리즈를 원점으로 돌려놓는다.

잠실구장으로 옮긴 5차전. 심판판정에 항의하던 SK 김성근 감독은 선수단을 철수시켰고, 결국 한국시리즈 최초의 퇴장감독이 된다.

마지막 7차전. 5-5로 팽팽하게 맞선 9회말.
나지완이 쏘아올린 작은 공은 좌측담장으로 향했고 우승
트로피는 KIA 타이거즈의 품에 안겼다.

조갈량 감독의 지략과 역대급 활약을 펼친 최희섭, 김상현의 홈런 행진!

로페즈, 구톰슨의 호투가 어우러진 KIA 타이거즈의 환상적인 시즌!

와! 와아! 와!

딱!

〈LG 트윈스의 전설이 된〉 박용택이 타격왕에 오르지만
엄청난 비난에 휩싸이게 된다.

LG와 롯데의 시즌 최종전. 롯데 홍성흔이 불과 2리차로 쫓고 있던 중.

LG 투수들은 홍성흔을 계속 볼넷으로 거르고, 박용택은 출전하지 않고 덕아웃에서 구경.

1984년 삼성 라이온즈 이만수의 타격왕 등극과 똑같은 상황이 재현되자 야구계는 시끄러워진다.

이후 박용택은 사과의 뜻을 밝혔고, 2500안타라는 대기록을 세우며 2020년 은퇴한다.

제 2회 월드베이스볼클래식(WBC)의 막이 오른다.

도쿄돔에서 열린 대만과의 1차전은 1회에 싱겁게 승부가 끝난다.

이어진 일본과의 경기에서 '베이징올림픽 일본 킬러' 김광현이 무너지며 콜드게임패의 수모를 당한다.

미국에서 이어진 2라운드에서 같은 조에 속한 멕시코와 일본을 연파하며 4강에 진출한다.

메이저리거가 즐비한 베네수엘라와 대결한 준결승전.

일본과의 결승전. 이범호의 9회말 동점타로 연장까지 가는 명승부를 펼쳤으나, 10회에 이치로에게 결승타를 맞고 아쉽게 준우승을 차지한다.

히어로즈의 마스코트 '턱돌이'가 등장하며 야구장 마스코트의 패러다임을 바꾼다.

기존의 마스코트들은 응원석에서 얌전히 재롱을 부리는 수준이었죠.

턱돌이는 응원석과 그라운드를 종횡무진 누비며 현란한 퍼포먼스 선보여.

코믹한 오버액션을 펼치며 히어로즈 팬뿐만 아니라 모든 야구팬의 시선을 사로잡는다.

시구자와 포옹하기.

홈런타자 레드카펫 깔아주기.

상대팀 응원석 난입하기 등등...

요란한 퍼포먼스로 히어로즈의 인기몰이에 큰 몫을 했지만, 불미스러운 일이 겹치며 비난도 받는다.

2009년 야구소사 "놓치지 않을 거예요"

LG 트윈스가 잠실구장의 담장을 수시로 줄이는 독특한 시스템을 운영한다.

심판의 눈으로만 판정하던 야구장에서 '비디오 판독' 시대가 시작된다.

SK 와이번스 강타자 최정이 투수로 등판하는 전기한 장면을 연출한다.

다시 그리는
한국프로야구사

조선의 4번타자

2010년

정규시즌 1위로 한국시리즈에 직행한 SK 와이번스는
여유 있게 상대 팀을 기다린다.

플레이오프에서 두산 베어스와 매 경기 1점차 승부로
혈전을 치르고 올라온 삼성 라이온즈는 기진맥진한 상태.

한국시리즈 시작 전부터 양 팀은 팽팽한 신경전을 펼쳤다.

SK는 1차전부터 삼성 마운드를 화끈하게 두들기며 승기를 잡는다.

힘의 우위를 과시하며 SK 와이번스가 4연승으로 손쉽게 우승 트로피를 들어올린다.

'이대호 태풍'이 한국야구계를 휩쓸어버린 2010년이었다.

이에 그치지 않고 전인미답의 타격 7관왕에 오르며 KBO의 전설을 작성한다.

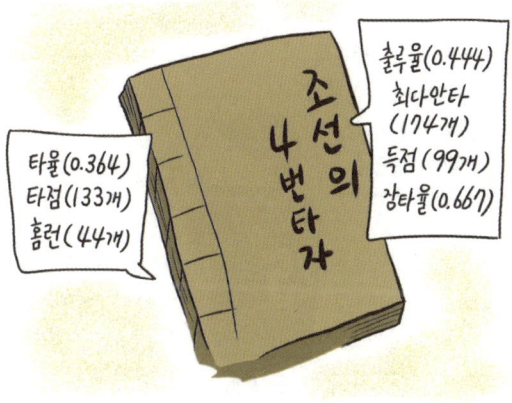

KBO리그를 평정한 후 일본리그와 메이저리그까지 진출한 최초의 한국인타자가 된다.

이만수-박경완의 대를 이어 한국프로야구의 전설적인 포수로 자리잡는 양의지가 (실질적으로) 데뷔한다.

이후 거의 매년 3할대의 타율과 20~30개의 홈런을 치는 강타자로 성장한다.

2019년 사상 최고액의 FA 잭팟을 터뜨리며 NC 다이노스로 이적한 후, 2020년 팀의 첫 우승을 이끌어 낸다.

11월 중국 광저우에서 아시안게임의 막이 오른다.

대만과의 예선 1차전에 미국에서 날아온 추신수의
홈런 2방으로 6-1 완승을 거둔다.

준결승전에서 중국을 제압한 후, 대만과 금메달을
놓고 다시 대결한다.

경기 시작 시간보다 일찌감치 야구장에 들어가면 타자들의 배팅훈련을 볼 수 있다.

이 훈련에 꼭 필요한 사람이 '배팅볼 투수'다.

타자에게 홈런을 맞아야 오히려 인정받는 투수.
그들의 꿈은 무엇일까.

타자가 잘 칠 수 있게 적절한 구속과 제구력이 필수지요.

프로선수가 되기는 현실적으로 어렵고, 매니저나 전력분석원 같은 구단 프런트를 꿈꾸지요.

 2010년 야구소사 "놓치지 않을 거예요"

스폰서 없이 어렵게 운영을 이어가던 히어로즈가 넥센타이어와 계약을 맺는다.

이제부터 넥센 히어로즈로 불러주세요~

안정적인 구단운영이 가능해지면서 이후 강팀으로 발돋움.

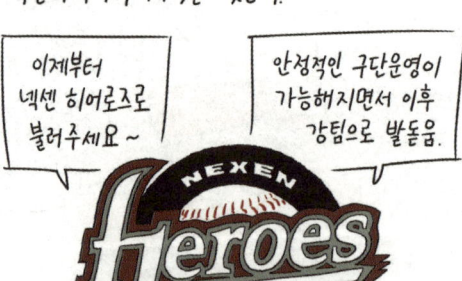

한화 이글스 류현진이 '괴물'의 진면목을 보여주는 활약을 펼친다.

KIA 타이거즈 이용규가 한 타석에서 투수에게 20구까지 던지게 하는 진기록을 세운다.

다시 그리는
한국프로야구사

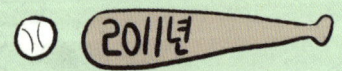

김응용, 선동열 감독 등 해태의 피를 수혈 받아 우승을 맛보았던 삼성 라이온즈가 프랜차이즈 스타인 류중일 감독을 사령탑으로 맞이한다.

'형님 리더십'을 앞세워 믿음과 소통의 공격야구로 정규 시즌 1위에 오른다.

이만수 감독대행의 SK 와이번스와 작년에 이은 한국시리즈 리턴 매치.

철벽불펜을 앞세운 삼성의 마운드가 SK 타선을 잠재우며 승기를 잡는다.

SK의 매서운 반격은 번번이 '돌부처'에게 막혔고, 4승 1패로 삼성 라이온즈가 우승트로피를 차지한다.

KIA 타이거즈 윤석민이 투수 4관왕에 오른다.

강력한 패스트볼과 고속슬라이더를 앞세워 KBO 최고의 우완투수로 우뚝 선다.

2014년 메이저리그 볼티모어 오리올스에 입단했으나, 마이너리그를 전전하며 1년 만에 되돌아온다.

암흑기에 접어든 한화 이글스에서 홀연히 등장한 '야왕'

타 팀의 2군과 비교되는 참담한 선수층을 이끌고 매 경기 명승부를 펼치자 팬들은 '야왕'의 칭호를 선사한다.

전국 야구팬들의 동정심과 감탄이 묘한 앙상블을 이루며 한화 이글스는 시즌 내내 화제를 불러 모은다.

국내 최초의 독립 야구단 '고양 원더스'가 창단한다.

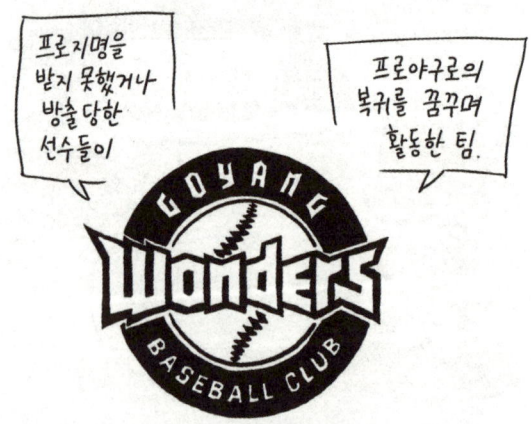

김성근 감독을 비롯해 프로구단 못지않은 화려한 코치진을 갖추고, 전폭적인 지원 속에서 프로야구 2군리그에 참가한다.

그러나 당초 취지와는 달리 여러 구설수에 휘말리다가 2014년을 끝으로 해체한다.

2011년 야구소사 "놓치지 않을 거예요"

한국, 일본, 대만, 호주리그의 챔피언팀들이 맞붙은 '2011 아시아시리즈'가 열린다.

창원 연고의 9구단 'NC 다이노스'가 창단한다.

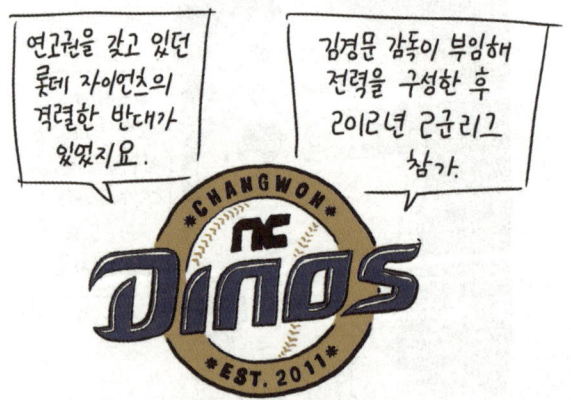

퓨처스리그에서 한국프로야구 최초의 퍼펙트게임이 탄생한다.

SK 와이번스가 김성근 감독을 시즌 중 경질하자 팬들의 격렬한 항의가 일어난다.

대전구장에 수천 마리의 벌떼가 등장해 경기가 중단되는 초유의 상황이 벌어진다.

투수 심수창이 전무후무한 18연패를 기록한다.

다시 그리는
한국프로야구사

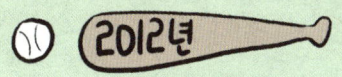

2이년 우승전력이 건재하고, 일본에서 돌아온 이승엽까지 합류한 삼성 라이온즈가 다시 정규시즌 1위에 오른다.

'닥공야구'로 변신한 SK 와이번스와 3년 연속 한국시리즈에서 만난다.

이승엽과 최형우의 홈런포로 1~2차전을 승리한다.

홈런포 사이를 뚫고 달리는 '대주자 전문요원' 강명구의 필살기.

매섭게 반격한 SK를 뿌리치며 4승 2패로 우승트로피를 차지한다.

윤성환, 장원삼의 선발과 안지만, 오승환의 불펜으로 이어진 철벽마운드.

생애 처음으로 한국시리즈 MVP에 오른 라이언 킹!

이로써 삼성 라이온즈는 본격적인 왕조의 기틀을 다진다.

한국인 최초의 메이저리거이자 124승의 신화를 이룬 박찬호가 KBO리그로 금의환향 한다.

박찬호가 등판하는 구장에는 홈팬, 원정팬을 가리지 않고 인산인해를 이루며 그의 복귀에 응원을 보낸다.

전성기 때의 광속구는 사라졌지만, 다양한 변화구와 경기운영능력을 발휘해 한화 이글스 마운드에 적지 않은 힘을 보탠다.

축구와 배구에서 불거진 승부조작사태가 프로야구에서도 드러나며 큰 파장이 일어난다.

대만리그처럼 프로야구가 황폐화될 수도 있는 커다란 사회적 이슈였다.

선수들의 황금만능주의와 선후배 간으로 얽힌 청탁, 협박이 어우러진 사건이었다.

이만수-장종훈-이승엽의 계보를 잇는 홈런왕 박병호가 마침내 기지개를 편다.

2012년 홈런, 타점왕을 비롯해 시즌 MVP에 오른 후부터 그의 방망이는 쉬지 않고 불을 뿜는다.

이후 메이저리그 미네소타 트윈스에 입단했으나 아쉬운 활약 끝에 다시 KBO리그로 복귀한다.

80년대 프로야구 출범과 함께 야구만화로 팬들의 사랑을 받았던 만화가 3인이 'SICAF 2012'에서 야구대담을 가진다.

세 작가는 매력적인 캐릭터를 앞세워 각기 다른 분위기의 야구만화를 선보이며 야구팬들을 열광시켰다.

웹툰으로 토양이 바뀐 21세기에도 야구팬들은 만화를 통해 정보와 재미를 더해가고 있다.

...등등 재미있는 야구만화를 보여주는 모든 작가님께 감사드립니다.

2012년 야구소사 "놓치지 않을 거예요"

'바람의 아들' 이종범이 파란만장한 선수생활을 마치고 은퇴한다.

스포츠 케이블방송의 여자아나운서들이 잇달아 물벼락을 맞는 해프닝이 일어난다.

LG 트윈스 외국인투수 리즈가 KBO 정규경기 최초로 160km가 넘는 광속구를 던진다.

사직구장에서 '레이저 빔'이 등장해 우려를 낳는다.

'2012 아시아 시리즈'가 부산에서 열린다.

다시 그리는
한국프로야구사

2013년

삼성 라이온즈가 한국시리즈에 직행한 가운데 포스트 시즌에서는 연일 치열한 혈투가 벌어진다.

준플레이오프에서 힘겹게 넥센 히어로즈를 제친 두산 베어스는 플레이오프에서 LG 트윈스마저 다운시킨다.

한껏 기세를 올리며 한국시리즈에 올라온 두산은 삼성마저 3승 1패로 몰아세우며 우승을 눈앞에 둔다.

벼랑에 몰린 삼성은 5차전에서 선발 밴덴헐크를 불펜으로 투입하는 강수 끝에 기사회생한다.

6차전 승리로 승부를 원점으로 돌린 삼성 라이온즈는 마지막 7차전마저 이기며 3년 연속 챔피언에 오르다.

9구단 NC 다이노스가 정규리그에 참여하며 1990년 이후 다시 홀수팀 체제가 운영된다.

NC 다이노스와 롯데 자이언츠는 '경남라이벌'로 떠오르며 치열한 신경전을 벌인다.

신생팀의 한계를 노출하며 개막 7연패에 빠졌다가 LG 트윈스를 상대로 역사적인 첫 승을 거둔다.

제3회 월드베이스볼클래식(WBC)의 막이 오른다.

그러나 베일에 가려있던 네덜란드와의 첫 경기에서 0-5 충격패를 당한다.

호주와 대만을 이기며 2승 1패를 거뒀으나, 득실차에서 밀리며 1라운드 탈락의 비운을 맛본다.

'불멸의 투수' 최동원 동상 제막식이 부산 사직구장 광장에서 열린다.

아마추어 시절의 홀대와 늦은 나이의 프로 데뷔에도 불구하고 그가 남긴 발자취는 화려하다.

그를 최고의 투수로 기억하는 건 팀을 위해, 야구를 위해 마운드 위에서 자신의 모든 것을 불태웠던 열정과 투지 때문일 것이다.

2013년 야구소사 "놓치지 않을 거예요"

10구단 KT WIZ가 탄생한다.

명장 김응용 감독이 새로 부임한 한화 이글스가 개막 13연패라는 신기록을 작성한다.

'괴물' 류현진이 KBO에서 MLB로 직행한 최초의 선수가 된다.

넥센-LG 전에서 최악의 오심이 발생하며 야구팬들의 분노가 폭발한다.

김병현이 자신의 트레이드마크인 돌출행동으로 퇴장당하며 구설에 오르내린다.

롯데 자이언츠 전준우가 일약 '월드 스타'의 반열에 오른다.

다시 그리는
한국프로야구사

2014년

해태-현대-SK에 이어 왕조의 바톤을 이어받은 삼성 라이온즈는 여전히 막강했다.

2014년 최고의 투수들이 맞붙은 한국시리즈 1차전은 '가을의 전설'에 어울리는 오프닝이었다.

2-2로 팽팽하게 맞선 8회초 강정호가 투런홈런을 터뜨리며 넥센 히어로즈가 첫판을 잡는다.

이승엽과 박한이의 홈런포가 가동된 삼성이 2~3차전을 승리하자, 넥센은 유한준과 이택근의 홈런포로 맞불을 놓으며 시리즈를 2승 2패 동률로 끌고 간다.

잠실구장으로 옮긴 5차전. 넥센은 승리를 눈앞에 뒀으나 강정호의 실책을 놓치지 않은 삼성이 최형우의 끝내기 2루타로 극적인 역전승을 거둔다.

강정호가 한국프로야구 최초로 '40홈런 유격수'의 반열에 오른다.

2015년에는 피츠버그 파이리츠에 입단하며 KBO에서 MLB로 직행한 최초의 한국인타자가 된다.

2년 연속 2할 중후반의 타율과 20개 내외의 홈런을 치며 중심타자로 활약.

그러나 꽃길을 걷던 그는 무려 3회나 반복한 음주운전과 도피행각으로 무참하게 무너진다.

2년 만에 MLB에 복귀했으나 성적부진으로 방출.

2020년 KBO 복귀를 타진했지만, 팬들의 비난과 반대로 무산되며 선수생활을 불명예로 마감.

안방에서 펼쳐진 인천아시안게임의 막이 오른다.

일본은 사회인야구선수들로 전력을 꾸렸고, 해외파가 다수 참여한 대만이 경계대상으로 떠올랐다.

그러나 낙승을 예상했던 대만과의 결승전에서 7회까지 2-3으로 끌려가며 선수와 팬들의 손에는 신땀이 흐른다.

시즌 7위에 그친 롯데 자이언츠는 엄청난 내홍을 겪으며 표류하게 된다.

이에 그치지 않고 전대미문의 'CCTV 사찰사건'까지 터져 나온다.

분노한 롯데팬들은 사직구장과 롯데월드, 롯데백화점 앞에서 시위를 이어가게 된다.

2014년 야구소사 "놓치지 않을 거예요"

'광주-기아 챔피언스 필드'가 개장한다.

두산-롯데전에서 이닝이 끝났다가 다시 이어지는 사상 초유의 일이 발생한다.

NC 다이노스 외국인투수 찰리가 노히트노런을 달성한다.

2000년 송진우 이후 14년 만이자, 외국인선수 최초의 기록.

그러나 몇 달 후 심판판정에 항의하며 찰진 한국어 욕설 시전.

조카! 신발!

홈런 여부에 대해서만 실시하던 비디오판독이 대폭 확대된다.

심판 고유의 권한으로 인정했던 '아웃-세이프' '파울-페어' 등 많은 영역으로 확대했지요.

시스템 미비로 인해 일단 TV중계화면으로 판독 실시.

LG 트윈스가 '팀 노히트노런'이라는 진기록을 세운다.

넥센 히어로즈 서건창이 꿈의 기록인 '시즌 200안타'의 고지에 오른다.

다시 그리는
한국프로야구사

삼성 라이온즈가 또다시 정규 시즌 1위에 오르며
왕조의 태평성대는 지속될 것처럼 보였으나...

주전 선수들이 해외원정 도박파문에 휩싸이며
팀은 혼란에 빠진다.

한편 포스트시즌에서 넥센 히어로즈와 NC 다이노스를 연파한 두산 베어스가 한국시리즈에 올라온다.

1차전은 치열한 난타전 끝에 삼성의 9-8 역전승.

그러나 두산 베어스가 니퍼트, 장원준, 노경은, 유희관으로 이어지는 판타스틱한 마운드로 거침없이 4연승을 거두며 챔피언에 오른다.

프로야구계를 떠났던 김성근 감독이 복귀한 한화 이글스가 전국구 인기구단으로 떠오른다.

지옥훈련을 통해 꼴찌근성을 털어낸 선수들은 연일 드라마틱한 승부를 펼친다. 특히 투수 권혁의 '불꽃투혼'은 보는 이의 눈시울을 뜨겁게 적신다.

그러나 시즌 내내 한국시리즈 같은 경기를 펼친 탓에 체력의 한계에 부딪히며 포스트 시즌 진출에 실패한다.

NC 다이노스 외국인타자 에릭 테임즈가 공룡 같은 괴력을 뽐내며 한국프로야구를 휩쓸어 버린다.

2014~2016년 동안 KBO에서 뛰며 역대 최고의 외국인타자로 자리매김한다.

이후 MLB로 진출하며 미국의 야구선수들이 한국을 '기회의 땅'으로 바라보는 계기를 만든다.

세계의 야구강국들이 출전하는 'WBSC 프리미어12' 초대 대회가 열린다.

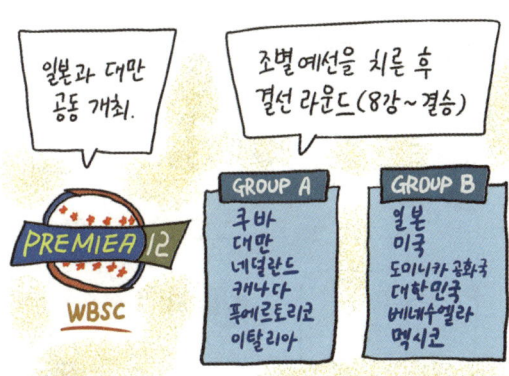

'국민감독' 김인식 감독이 다시 대표팀 지휘봉을 잡았으나 일본과의 개막전에서 0-5 완패를 당한다.

그러나 전력을 가다듬은 8강전부터 쿠바, 일본, 미국을 차례대로 연파하며 초대 대회 챔피언에 오른다.

2015년 야구소사 "놓치지 않을 거예요"

10구단 KT WIZ가 정규시즌에 합류한다.

포스트시즌 진출팀이 5위까지 확대되며 와일드카드 결정전 신설.

한국프로야구의 공식 명칭도 'KBO리그'로 결정했지요.

두산 베어스 외국인투수 마야가 노히트노런을 달성한다.

넥센 히어로즈와의 경기에서 볼넷 3개만 허용!

그러나 역투의 후유증 탓인지 부진에 빠진 끝에 시즌 도중 퇴출.

SK 와이번스 김광현이 '유령태그' 논란에 휩싸인다.

KIA 타이거즈 김기태 감독이 잇단 기행으로 화제를 모은다.

그런가 하면 어떤 날은...

한국 최초의 돔구장 '고척 스카이돔'이 개장한다.

롯데 자이언츠 박종윤이 '155타석 연속 무볼넷'이라는 진기록을 세운다.

타석에 들어서면 반드시 배트를 휘두른다!

리그 최고의 낮은 공 킬러!

그러나 낮은 공만...ㅠㅠ

다시 그리는
한국프로야구사

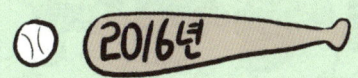
2016년

'판타스틱 4'를 앞세운 두산 베어스가 압도적인 성적을 거두며 정규시즌 1위에 오른다.

한편 역대급 중심타선인 '나테이박'이 휘두른 불방망이로 NC 다이노스가 한국시리즈에 올라온다.

그러나 시즌 후반 각종 사건, 사고에 휘말린 NC는 혼란 속에서 한국시리즈를 시작한다.

니퍼트와 스튜어트의 팽팽한 선발 맞대결 끝에 두산이 승리하며 기선을 잡는다.

이후에도 NC 다이노스는 힘 한번 써보지 못했고, 두산 베어스가 싱거운 4연승으로 챔피언에 오른다.

두산 베어스 외국인 투수 더스틴 니퍼트가 20승 투수의 반열에 오른다.

두산에서 7년, KT에서 1년을 뛰며 KBO 역사상 최고의 외국인투수로 남았다.

동료들에게도 모범적인 팀플레이어였고, 어려운 형편의 어린이들을 지원하는 등 인성도 돋보였던 니퍼트는 은퇴 후에도 한국과의 인연을 이어가고 있다.

SK 와이번스 최정이 KBO 역대 최다 '몸에 맞는 공' 1위로 올라선다.

선수생활 내내 매 시즌 '몸에 맞는 공' 선두권을 다툰 끝에 맺은 값진 열매.

홈런왕 2회와 골든글러브 6회를 수상하며 SK 와이번스의 레전드로 자리잡고 있는 최정은 이제 KBO 최다홈런기록을 향해 달려가고 있다.

넥센 히어로즈가 '2017 1차 지명신인'으로 이정후를 선택하며 '야구인 2세들의 집합소'가 된다.

한국프로야구의 역사가 깊어지며 메이저리그에서 보던 '부자선수'들의 출현이 한국에서도 빈번해지고 있다.

그러나 아버지와 아들의 포지션이 똑같은 경우는 거의 없으니 우연일까, 필연일까?

2016년 야구소사 "놓치지 않을 거예요"

'대구 삼성라이온즈 파크'가 개장한다.

'홈플레이트 충돌 방지' 규칙이 신설된다.

NC 다이노스 박민우와 KIA 타이거즈 서동욱이 그라운드에서 '종교 전쟁'을 벌인다.

박민우가 불교 표식을 그라운드에 새기자, 서동욱이 질세라 옆에 기독교 표식을 추가.

잘 하고자 하는 마인드컨트롤이 지나치는 바람에 생긴 해프닝.

두산 베어스 외국인투수 마이클 보우덴이 노히트노런을 달성한다.

한국프로야구 역사상 13번째 대기록.

NC 다이노스와의 경기에서 139개의 역투로 사사구 4개만 허용.

2012년 한국프로야구를 떠들썩하게 만들었던 승부조작 사태가 재현된다.

KBO리그가 '800만 관중' 시대를 연다.

다시 그리는
한국프로야구사

20승투수 두 명을 배출한 KIA 타이거즈가 정규시즌 1위에 오르며 한국시리즈에 직행한다.

시즌 초부터 선두로 치고 나가며 고공비행을 지속했지만 '타어강'의 저주에 빠지며 시즌 후반 위기를 맞는다.

플레이오프에서 NC 다이노스를 제압하고 올라온 두산 베어스와 '단군 매치'를 벌이게 된다.

'KO포'가 터진 두산이 1차전 승리.

플레이오프부터 계속 터지는 김재환, 오재일의 가공할 홈런포.

그러나 2차전에서 양현종이 완봉승을 거두며 시리즈의 분위기를 바꾼다.

8회말 김주찬이 절묘한 런다운플레이를 펼치며 결승점.

기세가 오른 KIA 타이거즈가 잠실 원정 3연전을 모두 승리하며 'V11'을 달성한다.

제 4회 월드베이스볼클래식(WBC) 1라운드가 사상 처음 한국에서도 개최된다.

예선 1차전. 다크호스 이스라엘과 연장 접전 끝에 1:2로 패배한다.

네덜란드와의 2차전도 0:5로 무력하게 내주며 예선 탈락한다.

'국민타자' 이승엽이 KBO 최다 홈런 기록을 완성하며 화려하게 은퇴한다.

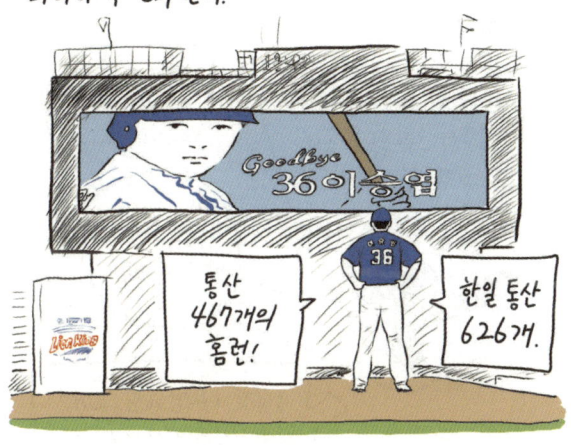

한국프로야구 최초로 '은퇴투어'를 가지며 전국의 선수와 팬들의 박수 속에서 작별인사를 건넨다.

KBO에서의 전설적인 기록 외에도 일본리그 및 국제대회 때마다 팬들에게 감동을 선물해준 활약때문에 가능한 일이었다.

홈런을 친 후 고개를 숙이고 묵묵히 그라운드를 돌던 겸손한 인성.

요미우리 자이언츠 4번타자 역임.

올림픽, 아시안게임, WBC 등에서 각본 없이 써내려간 극적인 드라마.

'C심판 게이트'가 터지며 KBO리그가 커다란 혼란에 휩싸인다.

이 계좌에 OOO만원 넣어주슈!

2013년 플레이오프 당시 두산 베어스 관계자가 C심판에게 돈을 전달한 것이 뒤늦게 밝혀졌죠.

사태가 수습되기도 전에 KIA 타이거즈, 넥센 히어로즈, 삼성 라이온즈도 C심판과의 금전거래가 드러나며 걷잡을 수 없는 상황으로 치닫는다.

다행히(?) 인맥으로 복잡하게 얽힌 한국야구계의 단순 사기 및 갑질사건으로 결론이 나면서 위기는 봉합된다.

2017년 야구소사 "놓치지 않을 거예요"

'선수 출신 단장' 시대가 붐을 이루며 프로야구 시스템이 변하기 시작한다.

2017년 한화 박종훈, LG 송구홍, SK 염경엽, 넥센 고형욱 단장 등등 선임

모기업의 낙하산 인사 시대에서 현장을 잘 아는 실무자가 팀을 이끄는 시대로 바뀌었죠.

SK 와이번스 최정과 한화 이글스 로사리오가 '한 경기 4홈런'을 기록한다.

2000년 박경완, 2014년 박병호에 이은 대기록!

두산 베어스 정진호가 역대 최소 이닝 사이클링히트
(힛포더사이클)를 달성한다.

한화 이글스 김태균이 '연속 경기 출루' 신기록을 세운다.

고양 다이노스가 퓨처스리그(2군리그) 누적 유료관중 2만명을 돌파한다.

한화 이글스 김성근 감독이 성적부진과 프런트와의 갈등으로 시즌 도중 해임되며 (사실상) 한국프로야구단 감독생활을 마무리한다.

다시 그리는
한국프로야구사

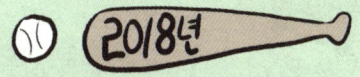

정규시즌 4위 넥센 히어로즈가 5위 KIA 타이거즈의 도전을 뿌리치고 와일드카드 결정전에서 승리한다.

모두의 예상을 깨고 3위에 오르며 준플레이오프에 진출한 한화 이글스.

1~2차선 연속으로 벤치클리어링이 일어날 만큼 치열했던 플레이오프는 SK 와이번스가 3승 2패로 힘겹게 승리한다.

한국시리즈에서는 왕조를 구축하고 있던 두산 베어스와 만난다.

모두가 두산의 낙승을 예상했지만 1차전 결과는 SK의 7-3 승리.

이후 승패를 주고받으며 4차전까지 2승 2패로 팽팽하게 맞선다.

1~2차선 연속으로 벤치클리어링이 일어날 만큼 치열했던 플레이오프는 SK 와이번스가 3승 2패로 힘겹게 승리한다.

한국시리즈에서는 왕조를 구축하고 있던 두산 베어스와 만난다.

모두가 두산의 낙승을 예상했지만 1차전 결과는 SK의
7-3 승리.

이후 승패를 주고받으며 4차전까지 2승 2패로 팽팽하게
맞선다.

5차전을 승리한 SK 와이번스가 6차전에서도 연장 13회에 터진 한동민의 홈런으로 우승컵을 든다.

지장과 덕장의 면모를 모두 갖춘 명장 힐만 감독은 한국과 일본에서 모두 우승한 최초의 사령탑이 된다.

'괴물 신인' KT WIZ 강백호가 신인왕에 오른다.

머 시즌 강력한 타격을 뿜어내며 차세대 국가대표 4번타자로 떠오르고 있다.

1년 먼저 데뷔한 이정후와 함께 한국프로야구를 이끌어갈 선수로 팬들의 기대를 받고 있다.

2018 자카르타-팔렘방 아시안게임이 개막하지만 야구대표팀은 시작 전부터 삐걱거린다.

침체된 분위기 속에서 대만과의 1차전을 패하며
위기를 맞았으나...

우여곡절 끝에 결승에서
(아마추어 선발팀) 일본에게
승리하며 금메달 획득.

그러나 대표팀이 귀국한 공항에는 찬 바람만 불었다.

야구를 넘어
스포츠계 전체로
병역특례 논란에
불을 지폈지요.

선동열 감독은
국정감사에
증인 출석하는
수모.

바람 잘 날 없는 넥센 히어로즈가 말도 많고 탈도 많은 시즌을 보낸다.

마무리투수와 주전포수가 성폭행 혐의로 경찰서를 오가는 참담한 사태까지 일어난다.

급기야 뒷돈 거래를 통한 선수장사를 한 사실까지
밝혀지며 구단의 뿌리가 흔들린다.

타 구단과 선수 트레이드를 하며 승인 받지 않은 현금 거래.

거의 모든 구단이 팀의 이익을 위해 불법 트레이드에 동조한 공범이었죠.

2018년 야구소사 "놓치지 않을 거예요"

롯데 자이언츠 이대호가 수난의 시즌을 보낸다.

팀이 부진에 빠지자 분노한 팬이 던진 치킨상자에 맞았죠.

울산 구장에서는 잘못 설치된 폴대때문에 홈런을 도둑맞았어요.

두산 베어스 양의지가 '불패싱 파문'에 휩싸이며 논란의 중심에 선다.

LG 트윈스가 '사인 훔치기'로 여론의 비난을 받는다.

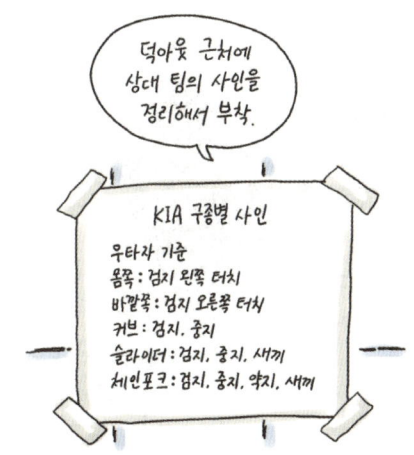

야구장 응원문화에 큰 몫을 담당했던 응원가가 존폐의 기로에 선다.

LG 트윈스 박용택이 KBO 최다 안타 신기록을 작성한다.

다시 그리는
한국프로야구사

LG 트윈스가 NC 다이노스를 꺾고 와일드카드 결정전에서 승리한다.

순플레이오프는 1~2차전을 모두 끝내기 승리를 거두며 기세를 올린 키움 히어로즈가 3승 1패로 가져간다.

플레이오프에서는 정규시즌 2위 SK 와이번스가 기다리고 있었다.

시즌 내내 1위를 달리다가 막판 거짓말같은 하락세를 탔죠.

두산 베어스와 승률이 같았지만 상대 전적에서 뒤지며 2위.

사기가 떨어져 있던 SK 와이번스를 막강타선으로 두들기며 키움 히어로즈가 3연승을 거둔다.

5할 타율을 올린 이정후의 맹타.

선발은 밀리지만 벌떼 불펜으로 극복했지요.

프로야구 출범 이후 처음으로 서울팀 간의 한국시리즈가 열린다.

점수를 주고받으며 치열하게 맞붙은 1차전에서 두산 베어스가 7-6으로 극적인 승리를 거둔다.

2차전에서도 박건우의 끝내기안타가 터지며 두산이 시리즈를 압도한다.

3차전을 가볍게 제압한 후 4차전에서도 연장 접전 끝에 승리하며 두산 베어스가 챔피언에 오른다.

2019 WBSC 프리미어 12 조별리그가 고척돔에서 열린다.

호주, 캐나다, 쿠바를 연파하며 일본에서 열리는 슈퍼 라운드에 진출한다.

우여곡절 끝에 준우승을 거두며 올림픽 본선 진출권을 획득한다.

2019 시즌 흥행 성적이 하락하며 프로야구 인기 몰이에 빨간불이 켜진다.

관중 감소와 함께 TV 중계방송 시청률도 뚝 떨어진다.

결국 정규시즌 80승 팀이 3팀, 80패 팀이 4팀이나 되는 유례없이 싱거운 시즌으로 끝난다.

호주 프로야구리그 소속팀 '질롱코리아'가 새로운 기회의 장으로 떠오른다.

겨울에 열리는 호주의 세미프로야구 리그

한국프로야구에서 기회를 얻지 못한 선수들이 팀을 꾸려서 2018년부터 참가.

겨울에도 야구를 볼 수 있다는 희소성과, 구대성이 감독으로 뛰는 화제성으로 관심을 모았으나 수준 이하의 경기력으로 실망을 안겨준다.

감독 구대성이 직접 마운드에 오르기도 했죠.

TV중계방송도 시즌이 진행되며 흐지부지.

그러나 재기를 노리던 노경은을 비롯해 한국프로야구팀의
유망주 참여가 늘면서 경쟁력 있는 야구를 선보이고 있다.

두각을 나타낸 선수들이 한국프로야구에 진출하는 작은 성과도 있었죠.

KBO리그에서 뛰지 못하는 선수들이 경기 경험을 쌓을 수 있는 기회의 무대.

 2019년 야구소사 "놓치지 않을 거예요"

NC 다이노스의 새로운 홈구장 '창원NC파크'가 개장한다.

MLB 구장과 비교해도 손색없는 시설

이기적인 지역 정치인들 때문에 '창원NC파크 마산구장'이라는 기괴한 이름이 될 뻔 했죠.

삼성 라이온즈 투수 맥과이어가 한국프로야구 14번째 노히트노런을 달성한다.

LG 트윈스 '비선수 출신' 투수 한선태가 데뷔 무대에 서며 화제를 모은다.

전직 프로야구선수 L씨가 유소년 야구교실을 운영하며
청소년에게 불법 약물을 투여해서 충격을 안겨준다.

다시 그리는
한국프로야구사

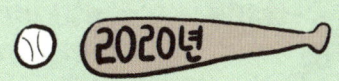

전 세계를 강타한 코로나19팬데믹으로 인해 한국프로야구도 직격탄을 맞는다.

방역 상황에 따라 우여곡절을 겪으면서 여러 진풍경이 연출된다.

야구의 종주국 미국에 한국프로야구를 수출하는 결과도 낳는다.

시즌이 무기한 연기된 미국에 KBO 경기 TV 중계.

KBO 특유의 '빠던' 신드롬.

MLB 슈퍼스타 무키 베츠의 KBO 홍보 영상.

그로 인해 뜻밖의 관심을 받는 사례도 속출한다.

NC 다이노스?? 노스캐롤라이나 다이노스!!

'피자 가이' GOOD!

고난의 1년이 되었지만, 하락세에 접어들었던 한국프로야구를 재점검하는 계기가 되었다.

시즌 최종전에서 2위~5위팀이 결정되는 역대급 순위싸움 끝에 LG 트윈스와 키움 히어로즈가 와일드카드 결정전을 갖는다.

준플레이오프에서는 두산 베어스가 2연승을 거두며 LG 트윈스를 제압한다.

압도적인 퍼포먼스를 보여준 투수 플렉센.

메이저리그로 돌아갈래!

콰

앙~

KT 위즈와 만난 플레이오프에서도 두산 베어스가 '가을DNA'를 발휘하며 3승 1패로 승리한다.

어서 와 KT, 가을야구는 처음이지?

한국시리즈에서는 시즌 내내 선두를 지킨 막강 전력의 NC 다이노스가 기다리고 있었다.

'공포의 8번타자' 알테어의 3점홈런으로 NC 다이노스가 1차전을 승리하며 시리즈의 승기를 잡는다.

매 경기 직관 응원을 한 구단주 '택진이 형'의 꿈이
이루어지며 NC 다이노스가 4승 2패로 챔피언에 오른다.

신생 팀의 한계 속에서 암울한 시기를 견디던 KT 위즈에게
마침내 '수원의 봄'이 찾아 온다.

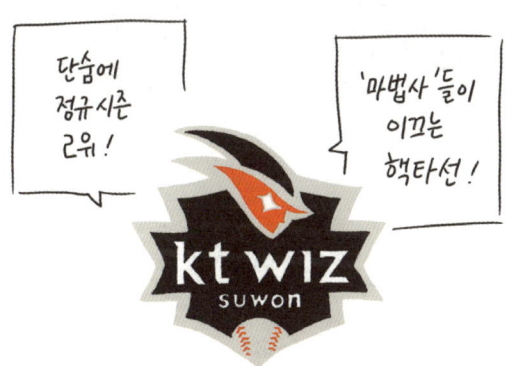

외국인타자 멜 로하스 주니어는 한국프로야구를
무자비하게 휩쓸어버린다.

이 외에도 각종 타이틀을 젊은 선수들이 차지하며
구단의 미래를 밝힌다.

2020년 야구소사 "놓치지 않을 거예요"

야구 드라마 '스토브리그'가 폭발적인 호응을 얻는다.

- 만년 꼴찌 야구팀 '드림즈'를 혁신하는 과정을 담은 드라마.
- 치밀한 취재를 통한 현실감 있는 이야기.
- 야구팬은 물론 일반인들도 흥미를 느낄 극적 구성.

한화 이글스가 18연패를 당하며 전설의 팀 삼미 슈퍼스타즈를 소환한다.

- 1985년 삼미의 18연패 이후 35년 만의 타이 기록.
- 우천으로 연기된 두산과의 서스펜디드 경기에서
- 9회말 노태형의 끝내기안타로 연패 탈출.

주심과 주루코치에게 마이크 착용이 이루어지며 시청자들은 현장의 생생한 목소리를 들을 수 있게 된다.

롯데 자이언츠가 4타자 연속 홈런 신기록을 세운다.

한화 이글스 이용규가 수훈선수 인터뷰에서 소신발언을 하며 야구계에서 갑론을박이 이어진다.

한국프로야구에도 로봇심판 시대가 열린다.

SK 와이번스 염경엽 감독이 경기 도중 덕아웃에서 의식을 잃고 쓰러지는 안타까운 상황이 일어난다.

좋은 성적을 올리고 있던 키움 히어로즈 손혁 감독이 시즌 도중 경질되는 황당한 일이 벌어진다.

가슴에 팀 로고가 있는
이유가 분명 있다.

롯데 자이언츠
조성환

맺는 글

1982년 걸음마를 떼고 40여 년의 시간 동안 수많은 사람들의 희로애락과 함께했던 한국 프로야구.
앞으로도 우리 모두에게 위안을 주고 사랑을 받는 스포츠로 남을 수 있기를 기원합니다.
감사합니다.